Klaus Gerth
DER ANTICHRIST KOMMT

KLAUS GERTH

Der Antichrist kommt

Die 80er Jahre –
Galgenfrist
der Menschheit?

VERLAG SCHULTE + GERTH ASSLAR

© 1982 Verlag Schulte + Gerth, Aßlar
Best.-Nr. 15 510
ISBN 3-87739-510-4
1. Taschenbuchauflage August 1982
2. Taschenbuchauflage Dezember 1982
3. Taschenbuchauflage Mai 1983
4. Taschenbuchauflage 1984
Umschlaggestaltung: Gisela Scheer
Satz: Typostudio Rücker & Schmidt, Niederkleen
Druck und Verarbeitung: Elsnerdruck, Berlin
Printed in Germany

INHALT

VORWORT

Mit großer Freude und innerer Anteilnahme schreibe ich dieses Vorwort zu dem ersten Buch von Klaus Gerth. Seitdem wir uns im Jahre 1975 kennenlernten, verbindet uns eine enge, persönliche Beziehung. In den Jahren unserer Freundschaft habe ich festgestellt, daß Gott ihm mehrere geistliche Gaben, besonders auf dem Gebiet der prophetischen Lehre, gegeben hat.

Schon seit längerer Zeit bewegte mich der Gedanke, Herr Gerth sollte ein Buch über biblische Prophetie schreiben. Ich habe ihn auch wiederholt dazu ermuntert. Jetzt, da er dieses Buch geschrieben hat, wurde mein Eindruck bestätigt. In seinen Ausführungen wird biblische Prophetie mit großer Genauigkeit, Einfühlungsvermögen und geistlichem Durchblick auf die Ereignisse unserer Zeit angewandt.

Ich empfehle dieses Buch jedem, der erfahren möchte, wo wir nach Gottes Zeitplan heute stehen. Es vermittelt dem Leser Einsicht und Hoffnung für die Zukunft mitten in einer notvollen Zeit.

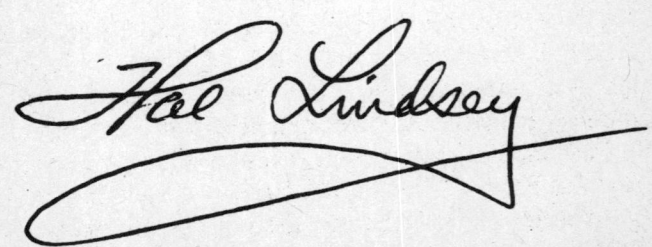

EINFÜHRUNG

Die Nacht war schon weit vorgerückt. Prinzessin Ira von Fürstenberg, einige Kinder der griechischen Reedersfamilien Niarchos und Onassis sowie Berühmtheiten des europäischen Hochadels hatten sich zur mitternächtlichen Stunde in der Pariser Nachtbar „Chez Regine" eingefunden. Ivan Rebroff intonierte gerade sein zweites Vortragsstück. Das brandneue Parfüm „Nitchevo" sollte gleich das Licht der Welt erblicken.

Der Präsident des Kosmetikkonzerns hatte mich wissen lassen, daß man ein richtiges Fest feiern wollte. Die „Dufttaufe" in Paris fiel in mein Ressort als Marketingchef. Bis zum Morgengrauen sollte die Party dauern, und die letzte Station, das Crazy Horse, durfte natürlich nicht fehlen.

Es sollte meine letzte Amtshandlung werden. Zu weit hatte ich mich während der letzten Wochen innerlich von meinen eigentlichen Pflichten entfernt. Die Beantwortung der Fragen: „Was wird sein, wenn ich einmal nicht mehr bin? Wozu all diese Anstrengung für eine vergängliche Sache, wenn doch alles einmal ein Ende nimmt?" hatte sich in meinem Leben zu einschneidend ausgewirkt. Nicht oft hatten mich diese Fragen beschäftigt, vielleicht einmal im Jahr. Nun aber waren sie durch das Ja zu Jesus Christus so elementar beantwortet worden, daß auch meine berufliche Zukunft neu gestaltet werden mußte.

Fast ein Jahrzehnt liegt das nun zurück. Damals war mir das Buch „Alter Planet Erde, wohin?" in die Hände gekommen. Eine Freundin meiner Frau hatte es in einer Buchhandlung aufgestöbert und meinte, daß der Inhalt doch mit unserer Erfahrungen, die wir durch das Studium der Bibel gemacht hatten, übereinstimmen würde. Das Buch war wirklich beeindruckend. Zwei Tage und zwei angebrochene Nächte brauchten wir, um nachzulesen, was der Autor Hal Lindsey seinen Lesern als Alarmruf anbot. Er hatte bislang versiegelte prophetische Aussagen der Bibel über die Zukunft der Welt vor dem Hintergrund der Zeitereignisse entschlüsselt.

Etwas Ähnliches hatte ich vorher nie gehört. Steuerte unsere Zeit wirklich in eine Katastrophe oder war alles nur Schwarzmalerei? Würden die unglaublichen Aussagen dieses Buches meiner Prüfung anhand der Bibel standhalten? Jesus selbst hat uns ausdrücklich geboten, auf die Zeichen der Zeit zu achten.

Der Schlüssel zur Lösung der Frage, ob die Voraussagen der alttestamentlichen Propheten und damit die Schlußfolgerung von Hal Lindsey richtig sind, war schnell gefunden, nämlich im fünften Buch Mose im achtzehnten Kapitel: „Wenn der Prophet redet im Namen des Herrn, und es wird nichts daraus und es kommt nicht, das ist das Wort, das der Herr nicht geredet hat" (Vers 22).

Eine eindeutige Aussage. Und die Folgerung, die sich daraus ergibt, war für mich beeindruckend. Wenn die vielen hundert Prophetien aus dem Alten Testament völlig und ausschließlich zum Teil nach einigen hundert Jahren eingetroffen sind, so ist es doch nur selbstverständlich, daß die noch ausstehenden Vorhersagen ebenso mit hundertprozentiger Sicherheit eintreffen. Warum aber eigentlich glauben dann nicht alle Menschen den Aussagen der Heiligen Schrift? „Der natürliche Mensch vernimmt nichts vom Geist Gottes, es ist ihm eine Torheit. Und er kann es nicht erkennen" (1. Korinther 2,14). Sollte nun der Umstand, daß ich aus Gnade um mein ewiges Leben wußte, daß ich absolut sicher war, nichts könne mich von der Liebe Gottes scheiden und daß meine Frage, was denn nun nach dem Tod sein würde, ganz und gar beantwortet war, der Schlüssel für ein volles Verständnis um die künftigen Dinge sein? Es war fast zu einfach, um alles glauben zu können. Wochenlang forschte ich in der Bibel.

DER SCHLAGENDE BEWEIS

Allein 845 prophetische Aussagen von mehr als einem Dutzend verschiedener Propheten betreffen die Geburt, das Leben und das Sterben des Sohnes Gottes, Jesus Christus. Alle Vorhersagen wurden buchstäblich erfüllt, obwohl manche über 1000 Jahre vor Jesu Geburt gemacht wurden.

Der Prophet Daniel machte zum Beispiel acht Aussagen über das Leben Jesu. Mit Hilfe der Mathematik kann man nun ausrechnen, wie hoch die Wahrscheinlichkeit ist, daß alle diese Aussagen zufällig eintreffen. Das Ergebnis: 1 zu 10^{17}. Anders ausgedrückt: Neben der einen Möglichkeit, daß alle acht Aussagen buchstäblich und vollständig erfüllt werden, gibt es 100 Billiarden Möglichkeiten der Nichterfüllung. Der Zufall ist damit ausgeschlossen. Nur Gott ist in der Lage, diese eine Möglichkeit eintreffen zu lassen, und damit die Richtigkeit der Prophetie zu beweisen.

Wenn aber die Verheißungen, die sich auf Leben und Sterben Jesu Christi beziehen, alle eingetroffen sind, gibt es keinen Grund, anzunehmen, daß die noch ausstehenden Prophetien über das zweite Kommen Jesu sich nicht erfüllen werden.

Schon heute sehen wir große spektakuläre Zeichen, die auf die bevorstehende große Schlacht von Harmagedon hindeuten:

1. Israel wird nach 2000 Jahren Exil wieder ein Staat
2. Der Islam erlangt erneute Weltgeltung
3. Der unaufhaltsame Aufstieg der Sowjetunion
4. Das Erwachen Chinas
5. Die Wiedergeburt des Römischen Reiches (10 Nationen der EG).

Zehn Jahre sind seit Erscheinen des Buches „Alter

Planet Erde, wohin?" vergangen. Damals war es für viele ein verwerfliches Buch. Heute sieht die Sache ganz anders aus. Im übrigen steht im Buch Daniel geschrieben, daß die Erkenntnis über die endzeitlichen Dinge, die in der Vergangenheit noch verborgen waren, zuletzt zunehmen werde. „Und du, Daniel, verbirg diese Worte, und versiegle dies Buch bis auf die Zeit des Endes. Viele werden es dann durchforschen und große Erkenntnis finden" (Daniel 12,4).

Das Studium des prophetischen Wortes hat mein Leben beeinflußt, nicht weil meine Neugierde befriedigt wurde, sondern weil mir die zukünftigen Dinge klar wurden. Deswegen ist dieses Buch kein Buch der Weltuntergangsstimmung, sondern im Gegenteil ein Buch der großen, ja unfaßbaren, lebendigen Hoffnung. Die Welt wird durch die bevorstehenden Katastrophen nicht untergehen, sondern der neue Morgen wartet schon.

EIN BRENNENDES HERZ

Von diesem neuen Morgen ahnten die beiden Wanderer nichts. Sie machten keinen leichten Spaziergang, sondern waren auf einem recht anstrengenden Marsch. Ihre Stimmung war gedrückt. Niedergeschlagen und traurig marschierten sie von Jerusalem über das Gebirge nach Emmaus. Vor drei Tagen hatte man in Jerusalem ihren Herrn gekreuzigt. Und nun hatten die Frauen, die am frühen Morgen bei der Gruft gewesen waren, berichtet, sie hätten den Leichnam Jesu nicht gefunden. Stattdessen hätten sie eine Erscheinung von Engeln gesehen.

Unterwegs trafen die Wanderer einen Mann, der von Mose ausgehend durch alle Propheten hindurch erklärte, was dort über Jesus gesagt wurde. Die beiden Jünger faßten Vertrauen zu dem ungebetenen „Spaziergänger" und nötigten ihn, den Abend mit ihnen zu verbringen. Als er das Brot brach und segnete, wurden ihre Augen geöffnet, und sie erkannten ihn als ihren Herrn, Jesus Christus.

Die beiden Weggenossen machten sich übrigens eilig auf den Rückmarsch nach Jerusalem und bekannten: „Brannte nicht unser Herz in uns, da er mit uns redete auf dem Weg, als er uns die Schrift öffnete?" (Lukas 24,32).

So wie Jesus das Vertrauen der Jünger möchte ich auch Ihr Vertrauen gewinnen, damit Sie dem biblischen Wort Ihre ganze Aufmerksamkeit schenken.

845 Vorhersagen aus dem Alten Testament, die sich allein auf Christus beziehen, sind alle haargenau eingetroffen. Mich hat das so sehr beeindruckt, daß es mein großer Wunsch ist, Ihnen die gleiche Freude an dem prophetischen Wort zu vermitteln.

Um Ihnen einen kurzen Eindruck von den erfüllten Prophetien und den noch ausstehenden Ereignissen zu geben, liste ich Ihnen einige dieser Dinge mit den entsprechenden Bibelstellen auf.

Vorhersagen (erfüllt)	Bibelreferenz
Das Wiedererstehen des Staates Israel	Jesaja 11,11-12 Jeremia 30,3 Hesekiel 11,17 Hesekiel 20,34 Hesekiel 36,8 Hesekiel 37,1-10 Hesekiel 37,16-22 Sacharja 10,10
Israel erobert Jerusalem zurück (1967)	Lukas 21,24
Der Aufstieg und Fall verschiedener Weltreiche	Daniel 2,21-45 Daniel 7,1-28
Babylon 612-539 v.C. Medo-Persien 539-331 v.C. Griechenland 331 – 163 v.C. Rom 163 v.C. – 476 n.C.	

Jesu Leiden und Sterben

verraten von einem Freund	Psalm 41,10
von seinen Jüngern verlassen	Sacharja 13,7
stumm vor seinen Klägern	Jesaja 53,7
mit Essig und Galle getränkt	Psalm 69,22
seine Kleider verteilt	Psalm 22,19
über sein Gewand das Los geworfen	Psalm 22,19
kein Bein zerbrochen	2. Mose 12,46
	Psalm 34,21
man hat ihn durchstochen	Sacharja 12,10
im Grab eines Reichen	Jesaja 53,9
auferweckt	Psalm 16,10

Vorhersagen (in Erfüllung)	Bibelreferenz
Der Aufstieg einer Nation aus dem äußersten Norden zur Weltmacht (Sowjetunion)	Hesekiel 38
Ein Zehnstaatenbund als Nachfolgegebilde des Römischen Reiches (1957 EG in Rom)	Daniel 2,41-45 / Daniel 7,19-28
Der Aufstieg einer Macht, die 200 Millionen Soldaten aufbieten kann (China)	Offenbarung 16,12-16 / Joel 3,2 und 12-14

Vorhersagen (noch nicht erfüllt)	Bibelreferenz
Die Bildung einer Welteinheitskirche Der Antichrist	Offenbarung 17 / Daniel 2,29-44 / Daniel 7,7-28 / Daniel 11,21-45 / 2. Thessalon. 2,4-10 / Offenbarung 13,1-18

Geburtswehen

Es ist eine unglückliche Welt – unglücklich, weil sie nicht weiß, wohin sie geht. Und weil sie ahnt, daß, wenn sie es wüßte, sie feststellen müßte, daß sie auf eine Katastrophe zusteuert.

Valery Giscard d'Estaing

Nach Matthäus 24 aus der Heiligen Schrift

DIE ZUKUNFT IST AUCH NICHT MEHR, WAS SIE EINMAL WAR

Das sollst du aber wissen, daß in den letzten Tagen werden greuliche (schwere) Zeiten kommen.

(2. Timotheus 3,1)

In diesem Buch werden einige schockierende Tatsachen beschrieben. Tatsachen, die die hebräischen Propheten bereits vor vielen tausend Jahren vorausgesagt haben. Obwohl wir so wenig Notiz von diesen Prophezeiungen nehmen, treffen sie ein, genauso sicher wie die Vorhersagen, die sich auf das erste Kommen Jesu bezogen. Der Evangelist Markus schreibt von Wehen, die ja die Eigenschaft haben, an Häufigkeit und Heftigkeit zuzunehmen. Diese Wehen sind ein untrügliches Zeichen für das Ende der Zeit. Lassen Sie sich nicht von den Besserwissern ins Bockshorn jagen, die glaubhaft versichern wollen, alles sei ja schon immer so gewesen.

Vom 20. bis 24. Juli 1980 fand in Toronto eine Konferenz der amerikanischen „World Future Society" und der kanadischen „Association for Future Studies" statt. Die offizielle Bezeichnung: „First Global Conference on the Future: Through the '80s, Thinking Globally, Acting Locally" (Erste Weltkonferenz für Zukunftsfragen: Durch die achtziger Jahre, weltweit denken und vor Ort handeln). An dieser Konferenz nahmen etwa 5.000 Wissenschaftler aus den USA, Kanada, China, der UdSSR, Deutschland und Ländern der Dritten Welt teil.

Folgende Erkenntnisse sind wichtig:
– Die größten Probleme der nächsten Jahre werden durch die Zunahme der Weltbevölkerung entstehen

– Die Armut der meisten Entwicklungsländer kann in absehbarer Zeit nicht behoben werden
– Die Ansprüche in den Entwicklungsländern steigen steil und rasch an
– In der Frage, ob die Welt die steigende Bevölkerungszahl ernähren kann, sind sich die Experten nicht einig
– In der Energiefrage verschiebt sich die Problematik von den Industrienationen hin zu den Entwicklungsländern
– Es wird in den kommenden Jahren eine enorme Verlagerung von Arbeit aus den Industrieländern in die Entwicklungsländer stattfinden
– Umweltbewußtsein ist nicht mehr nur eine Sache von wenigen
– Die Handlungsweise der UN wird beklagt und eine drastische Stärkung übernationaler Autorität gefordert.

Erschrecken Sie beim Lesen dieser Feststellungen? Wer die Nachrichten aus aller Welt mit Aufmerksamkeit verfolgt, findet alle diese Aussagen seit längerem bestätigt. Und ihm ist auch klar, daß es sich hier nicht um Prognosen für eine ferne Zukunft handelt, sondern um eine Analyse unserer heutigen Lage.

Die Weltsituation ist durch ungeheure Gegensätze, durch ideologische und politische Spannungen bis hin zu militärischen Auseinandersetzungen, durch ein wachsendes Wohlstandsgefälle zwischen den reichen Industriestaaten und den unterentwickelten, notleidenden Völkern der Dritten Welt gekennzeichnet. Die finanziellen und humanitären Entwicklungshilfen der Industriestaaten können nur als ein Almosen bezeichnet werden. Allein der Kapitalbedarf der Entwicklungsländer zur Sicherung der Versorgung mit Erdöl ist schon heute dreimal so hoch wie die Entwicklungshilfe.

Die Schwierigkeiten in den Industrienationen wachsen ebenfalls, wobei die Deckung des Energiebedarfs weiterhin als das größte Problem angesehen wird. Das ständig teurer werdende Erdöl verschlingt immer größere Anteile der Haushalte in Europa und Amerika.

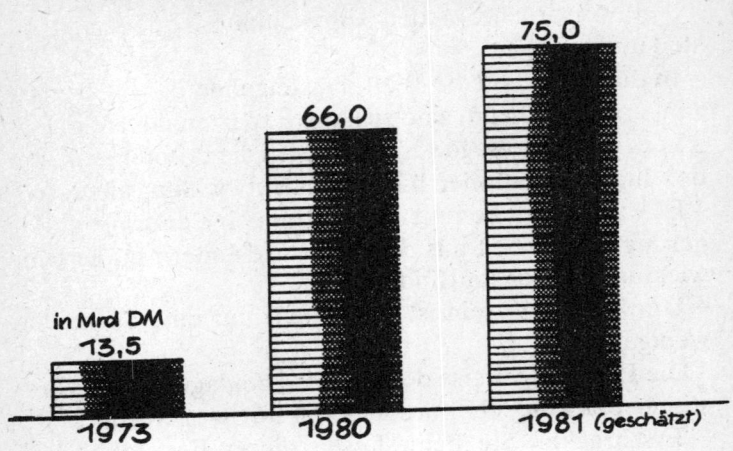

Die Ölrechnung der Bundesrepublik Deutschland
Einfuhr von Erdöl und Erdölprodukten

in Mrd DM
- 13,5 — 1973
- 66,0 — 1980
- 75,0 — 1981 (geschätzt)

Mit jedem Tag kommen die Staaten der westlichen Welt mehr und mehr in die Abhängigkeit der Öl produzierenden Länder des Vorderen Orients. Und sie sind schon jetzt gezwungen, ihre Erdölkäufe zu einem Teil mit Krediten der Lieferanten zu finanzieren.

Jahrzehntelang haben wir Energie vergeudet. Maßnahmen des Einsparens sind erst sehr neu und stoßen nur auf wenig Gegenliebe, da sie von uns persönliche Opfer verlangen. Wie gegensätzlich die Auffassungen in der Frage der Deckung des Energiebedarfs sind, wird in den Auseinandersetzungen über die Nutzung der Kernenergie deutlich.

HUNGRIGE WERDEN IMMER HUNGRIGER

Es werden Hungersnöte sein. (Matthäus 24,4)

Der Energiehunger der Reichen verschärft den Hunger der Armen in aller Welt. Die Bibel berichtet uns, daß

Hungersnöte in unvorstellbarem Ausmaß in den letzten Jahren unseres Zeitlaufs kommen werden. Schon heute verhungern in jedem Jahr etwa 10 Millionen Menschen, darunter 3 Millionen Kinder unter fünf Jahren. Von vier Milliarden Menschen kann sich eine Milliarde nicht ernähren. 500 Millionen Asiaten, 140 Millionen Afrikaner und 90 Millionen Südamerikaner haben zu wenig Trinkwasser. 300 Millionen Menschen leiden heute an Eiweißmangel. Die Folgen sind verheerend: Gehirnschwäche, Apathie und Schwachsinn.

Wir haben nicht verlernt, an das Gute im Menschen zu glauben. Dabei lehrt uns die Geschichte fast täglich das Gegenteil. Seit Monaten bekriegen sich die OPEC-Länder Iran und Irak. Ölfelder und Pipelines werden bombardiert, obwohl es viele Milliarden Mark kosten wird, diese Anlagen wieder herzustellen. Dabei weiß man allzu genau, wie sehr gerade die hungerleidende Dritte Welt auf das Öl und die Öl-Milliarden angewiesen ist. Ein geradezu unüberbietbarer Egoismus.

Aber der Westen steht diesem „Nur an sich denken" nicht viel nach. Hochwertige Nahrungsmittel, wie z.B. Zuckerrohr und Rüben, werden in Treibstoff für Autos umgewandelt. Energie aus pflanzlichen und tierischen Abfällen wird dagegen kaum genutzt. Der schlimmste Luxus, den sich die Industrienationen leisten, ist allerdings die Vernichtung von Nahrungsmitteln, nicht etwa, weil sie verfault oder unbrauchbar sind, sondern um das Angebot bewußt knapp zu halten und damit einen hohen Preis zu garantieren.

Fast zwei Milliarden Mark steckt die FAO (Uno-Organisation für Ernährung und Landwirtschaft) derzeit in 1500 Fördervorhaben rund um die Welt. Sie baut Bewässerungssysteme in Indien, betreibt Gartenbauforschung im Senegal oder bringt Bauern in Burundi neue Anbaumethoden bei, um in den armen Ländern der Erde für mehr Nahrung zu sorgen. Das alles hört sich großzügig an, ist aber nur ein Tropfen auf den heißen Stein, solange wir nicht systematisch darangehen, vorhandene, nicht fossile Energien zu nutzen.

Eine neue Form der „Kernenergie" interessiert zunehmend Deutschlands Obstbauern: die Nutzung der Abwärme, die bei der Lagerung von Kernobst in Kühlhäusern zwangsläufig entsteht. Allein mit der Abwärme der 3,3 Millionen Tonnen Äpfel, die jährlich im Alten Land bei Hamburg geerntet und gelagert werden, ließen sich 1200 Einfamilienhäuser wärend drei Viertel der Heizperiode versorgen.

Noch größere Energiemengen lassen die 15 Millionen Rinder, 22 Millionen Schweine und 90 Millionen Hühner, Gänse und Enten in der Bundesrepublik unter sich: in dem jährlich produzierten Kot und Harn der Nutztiere steckt mehr Energie als in drei Milliarden Litern Erdöl.

Vor kurzem wurde in meinem Haus ein Kamin installiert, der an der Frontmauer zwei kleine quadratische Öffnungen hat. Durch diese einfache und relativ billige Installation wird die über der Kupferplatte im Kamineinsatz gestaute Wärme in den Wohnraum geleitet. Der wesentliche Energiebedarf für das Wohnzimmer kann somit gedeckt werden. Noch vor Monaten hat man über eine so einfache Methode nicht einmal nachgedacht.

Wann endlich werden wir erfinderisch und genügsamer, um aus Liebe den Hungernden dieser Welt zu helfen? Noch ist der Wettlauf mit dem Hunger aussichtslos. Er wird auch aussichtslos bleiben, solange sich die reichen Länder weigern, vor langer Zeit gefaßte Beschlüsse in völkerrechtlich verbindlichen Konventionen einzulösen: so die angestrebte Nahrungshilfe von jährlich zehn Millionen Tonnen Getreide für besonders bedürftige Länder oder die bereits zugesagte Anlage einer Notreserve von 500.000 Tonnen Getreide.

Wie stark Ernährung und Energie miteinander verkoppelt sind, zeigt unser täglich Brot: Für die Herstellung von einem Kilogramm Weißbrot verpulvern wir die Energie, die in einem Liter Erdöl steckt. Dabei enthält Brot nur so viel Kalorien wie 0,2 Liter Öl. Würden Landwirtschaft und Nahrungsmittelindustrie überall so arbeiten wie in den hochindustrialisierten Ländern, dann wären die bekannten Erdölvorräte in elf Jahren aufgebraucht.

Es ist endlich an der Zeit, sich mehr Gedanken zu machen, wie wir Energie sparen können, um den zahllosen Hungernden in der Welt eine Überlebenschance zu geben. Mitte September 1980 schlug die FAO in einer Sondersitzung in Rom wieder einmal Alarm: In 26 afrikanischen Staaten mit insgesamt 150 Millionen Einwohnern herrscht eine katastrophale Hungersnot. 2,4 Millionen Tonnen Getreide fehlen – ein Bruchteil dessen, was ungenutzt durch die Därme europäischer Nutztiere wandert. Denn bei der Umsetzung von Getreide in Fleisch gehen wertvolle und dringend benötigte Kalorien verloren.

Kalorienumsatz von Weizen bei Verwendung für:

Brot: 1:1	Schweinefleisch: 3:1
Eier: 4:1	Milch: 5:1
Hühnerfleisch: 12:1	Rindfleisch: 10:1

Eine Verringerung unseres Hungers auf Fleisch würde, falls wir bereit wären, das gesparte Getreide zu verschenken, zu einer Verringerung des Hungers in der Welt beitragen.

EINE ESKALATION DER GEWALT

Die Liebe wird in vielen erkalten.   (Matthäus 24,12)

Auch diese biblische Voraussage hat leider in vollem Umfang ihre Erfüllung gefunden. Die Menschen werden lieblos (2. Timotheus 3,3). Die Jahre 1980/81 waren Zeugen schrecklicher Anschläge: Das Bombenattentat auf dem Münchener Oktoberfest, die Ermordung des hessischen Wirtschaftsministers Heinz-Herbert Karry, Anschläge auf Papst Johannes Paul II und Präsident Ronald Reagan – um nur einige zu nennen.

Der Journalist Matthias Walden schreibt hierzu in der Welt am Sonntag: „Als die Bierkrüge in München wieder kreisten, nachdem die Toten des Mordanschlages vom Münchener Oktoberfest in die Leichenschauhäuser gebracht waren, als Lust und Lärm der Detonation der Bombe folgten und schunkelnder Frohsinn sich fortsetzte, während Menschen an die Bahren ihrer sterbenden Angehörigen traten, schien die Unfähigkeit zu trauern oder mitzuempfinden sich auf schlimme Weise erwiesen zu haben.

Sensible Naturen schlossen auf eine Gemütsverrohung, auf einen Verfall der Mitmenschlichkeit, auf ein ethisches Defizit schlimmsten Ausmaßes. Schon einmal war in München in solchem Zusammenhang Klage zu führen: ‚The games must go on!' hieß es, als palästinensische Terroristen bei den Olympischen Spielen ein Blutbad angerichtet hatten.

Gerade für unsere Zeit scheint ein Verfall der Gesittung, der Ehrfurcht vor dem Tode und dem Leid anderer typisch. ‚Lustgewinn' ist einer der Begriffe, den sie favorisiert.

Egoismus hat Schranken zerbrochen, Leichtlebigkeit wurde begünstigt. Unbequemlichkeiten werden mehr denn je gemieden. Auch der Gedanke an den Tod ist unbequem. Und da das Sterben anderer an den eigenen Tod erinnert, verschließen sich viele Herzen vor der Begegnung mit ihm.

Dort aber, wo nur die Trägheit der Herzen waltet, die Gleichgültigkeit gegenüber dem Leid, der Not und dem Tod anderer, wirkt wohl auch eine andere zeitgemäße Erscheinung mit: die millionenfache Multiplikation des Schreckens durch das Fernsehen, die allabendliche Leichenschau auf den Mattscheiben, die Eskalation der Gewalt und des mörderischen Sterbens an allen Ecken und Enden der Welt. Das stumpft ab. Gewöhnung tritt ein und die Unfähigkeit zum allzuoft herausgeforderten Mitleiden."

Es gibt wohl nur einen Ausweg aus der Verrohung, Verhärtung und seelischen Kälte: Wer sein Leben mit Gott in Ordnung bringt, der bereinigt auch sein Verhältnis zu seinen Mitmenschen. Der kann getrost auf Gewalt verzichten und wird wieder fähig zum Mitleiden. Nicht der televisionäre Multiplikator stimmt seine Seele für das Leiden anderer ein, sondern die bereitwillige Mithilfe vor der Haustür. Probleme und Not gibt es dort in Hülle und Fülle.

400 MILLIONEN FÜR DEN TERROR

Die Gesetzlosigkeit wird überhandnehmen. (Matthäus 24,12)

So viel Geld gibt die Sowjetunion mindestens jährlich aus, um den internationalen Terror zu unterstützen. Der Kreml liefert Geld und Waffen, sorgt für die militärische Ausbildung und treibt in der ganzen Welt Spionage. In dem großen Buch der Terrorerfolge kann ein besonderes Husarenstück abgehakt werden: die Geiselnahme von Teheran.

Erschöpft, wohl auch gequält und gefoltert, landeten 52 amerikanische Geiseln Ende Januar 1981 auf dem Rhein-Main-Flughafen in Frankfurt. Nun wird man ihnen erzählt haben, wer die wirklichen Drahtzieher dieses schrecklichen Geiseldramas waren. Die Geheimdienste wußten längst, daß jene islamische Studenten, die das Gelände der US-Botschaft in Teheran am 4. November 1980 erstürmt hatten, von Persern angeführt wurden, die in PLO-Lagern im Libanon ausgebildet worden waren. Dort in Beirut, der vom Bürgerkrieg heimgesuchten Hauptstadt des Libanon, sitzt das Trumpfas des aus Moskau ferngesteuerten Terrorismus – die PLO.

Im Sommer 1974 fuhr der Chef der palästinensischen Befreiungsorganisation Yassir Arafat nach Moskau und besiegelte eine blutrünstige Allianz. Seitdem ist die sowjetische Botschaft in Beirut Moskaus Führungszentrum für die terroristischen Aktivitäten der PLO. Von den 88 akkreditierten Sowjet-Diplomaten wurden mindestens 37 von westlichen Geheimdiensten als Agenten des KGB (Komitee für Staatssicherheit) enttarnt. Kopf dieser Truppe ist Alexander Soldatow, einst Moskaus Mann in Havanna, seit September 1974 Botschafter im Libanon.

Es wird berichtet, daß sich Herr Soldatow mindestens einmal wöchentlich mit Arafat bespricht. Auf diese Verbindung geht wohl auch die Erstürmung der US-Botschaft zurück. Alles war generalstabsmäßig vorbereitet.

Arafat schickte seine drei besten Männer: Husni Ghazi al-Hussein, Oberst des PLO-Zweiges „El Fatah", Abu Walid, Leiter der Sonderaktionen, und Abu Jihad, PLO-Spionage-Chef. Die Vorbereitungen für den Überfall im Herbst 1979 waren getroffen. Es fehlte nur der Anlaß. Als am 24. Oktober die USA dem krebskranken Schah erlaubten, sich im New Yorker „Cornell Medical Center" behandeln zu lassen, war es soweit. Die Wut der Perser war entfacht. Das furchtbare Spiel konnte beginnen.

Amerika wurde vor aller Welt gedemütigt. „Schneidet diesen amerikanischen Leuten die Hälse ab!" So und ähnlich tobte der Wahnsinnsdespot Khomeini.

Die Bibel sollte recht behalten: Die Ungerechtigkeit wird überhandnehmen.

KEHRT DER STERN VON BETHLEHEM ZURÜCK?

Die Sonne ward finster wie ein schwarzer Sack, und der Mond ward wie Blut, und die Sterne des Himmels fielen auf die Erde. (Offenbarung 6,12-13)

1982 bis 1985 wird die himmlische Harmonie gestört sein. Dann verteilen sich die Planeten unseres Sonnensystems einschließlich unserer Erde nicht auf die verschiedensten Punkte ihrer unterschiedlich weiten und langen Kreisbahnen um das Muttergestirn Sonne, sondern stehen ziemlich säuberlich aufgereiht einer hinter dem anderen. Diese scheinbar ordentliche Gestirnstellung bringt Unordnung in das sonst sehr ausgewogene Kräftespiel am Himmelszelt. Die Anziehungskräfte, deren Wirksamkeit beständig wechselt, summieren sich plötzlich.

Und da sehen die Astronomen und Sternenphysiker eine Fülle von Unheil voraus. Sie tun es nicht als Hellseher und Wahrsager, sondern auf Grund exakter wissenschaftlicher Erkenntnisse.

Mit Sicherheit sind durch die Summierung der Anziehungskräfte ungewöhnlich hohe Fluten zu erwarten. Wahrscheinlich wird es auch im Gefüge unserer Erdrinde heftiger als bisher krachen. Die riesigen Kontinentalschollen der Erdoberfläche werden durch gegenseitige Verschiebungen Erd- und Seebeben bewirken, bei denen sich in vielen kritischen Zonen vorhandene Spannungen mit Titanengewalt abbauen.

Zu diesem wichtigen Thema erläutert Professor Heinz Kaminski von der Sternwarte Bochum: „Das Ereignis wird sich langsam entwickeln. Am 26. März 1981 standen die beiden größten Planeten Jupiter und Saturn in einer Linie. Im April kamen noch Mars und Venus dazu. Neun Monate später werden alle neun Planeten in einer Linie stehen. Die starken Gravitationskräfte werden die Erde regelrecht auseinanderziehen. Die Menschen haben durch ihre Eingriffe in die Natur das Unglück schon vorausprogrammiert. Der Boden der künstlich angelegten Stauseen wird dem ungeheuren Gravitationsdruck nicht gewachsen sein. Riesige Erdrisse sind die Folgen. Die Gefahr droht jedoch nicht nur aus dem Innern der Erde. Auch aus der Tiefe des Weltraums kann das Verderben kommen. Zwischen Mars und Jupiter umkreisen Hunderttausende von kosmischen Trümmern die Sonne. Die kleinsten dieser Gesteinsbrocken haben die Größe von nur wenigen Millimeter Durchmesser. Doch die größten

Trümmer sind über 500 Kilometer dick. Schon heute treffen jede Stunde Tausende dieser Bruchstücke unsere Erde. Doch meistens sind sie so winzig, daß sie in der Atmosphäre verglühen. Doch niemand weiß, ob die ungewöhnliche Planetenkonstellation nicht auch einige der großen Brocken von ihren Bahnen ablenken kann. Was dann geschieht, können wir nur ahnen."

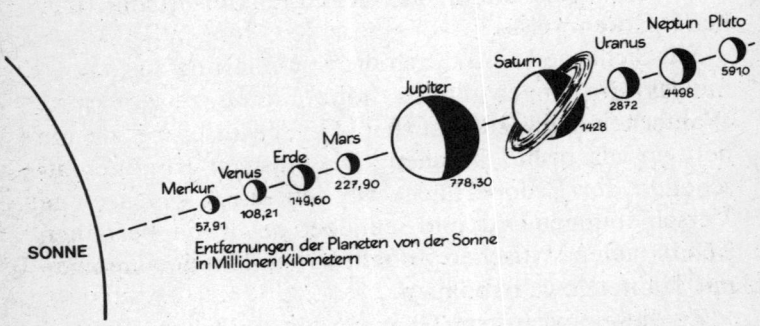

SONNE

Entfernungen der Planeten von der Sonne in Millionen Kilometern

Merkur 57,91 · Venus 108,21 · Erde 149,60 · Mars 227,90 · Jupiter 778,30 · Saturn 1428 · Uranus 2872 · Neptun 4498 · Pluto 5910

Es ist sehr wichtig zu begreifen, daß in dieser Planetenreihe alle neun Planeten auf derselben Seite der Sonne stehen. Das geschieht zwar alle 179 Jahre, aber nicht in einer solchen geraden Linie wie jetzt, die seit Menschengedenken noch nie beobachtet worden ist.

Der kosmische Zufall will es, daß die Paradestellung der Planeten zur gleichen Zeit auftritt, in dem auch ein sogenanntes Sonnenflecken-Maximum fällig ist. Ein so seltenes Zusammentreffen von Planetenparade und größter Sonnenaktivität hat es zum letzten Mal um die Zeit von Christi Geburt gegeben. Kommt der Stern von Bethlehem zurück? Die vereinten Kräfte der Planeten werden die der Sonne verstärken. Befürchtete Wirkungen auf der Erde:
– Veränderungen im Magnetfeld und dem Gasmantel unserer Lufthülle

– unvorhersehbare Wetterabläufe von extremer Dürre bis zu Sintfluten

–Wochenlange Windstille bis hin zu Orkanen

–Glühende Hitze und eisige Fröste in sonst gemäßigten Gebieten.

Eine Tatsache ist jenseits aller Spekulationen aber ganz gewiß: Am Nachthimmel wird ein Schauspiel stattfinden, wie es die Erde noch kaum erlebt hat.

Trotzdem gilt auch für diese planetarische Konstellation: Nicht die Sterne und Planeten bestimmen das Schicksal des Menschen, sondern der allmächtige Gott.

IN SCHUTT UND ASCHE

Und es werden geschehen große Erdbeben hin und her.
(Lukas 21,11)

An erster Stelle der gefährdeten Gebiete steht die geologische Bruchspalte an Amerikas Pazifik-Küste, und dort besonders der sogenannte San-Andreas-Graben, der sich mitten durch die Wohngebiete der Millionenstädte San Franzisko und Los Angeles zieht. Dieser heikle Riß der Erdoberfläche geht im Norden weiter bis nach Alaska, wo vor wenigen Jahren Städte wie Valdez und Anchorage durch Erdbeben verwüstet worden sind. Im Süden reicht er über Zentralamerika – wo Weihnachten 1975 Managua, die Hauptstadt Nicaraguas, in Schutt und Asche fiel – der Anden-Kette entlang über Lima in Peru bis nach Valparaiso und Santiago in Chile – alles Städte, die in der jüngsten Beben-Geschichte traurige Marksteine wurden.

San Franzisko wartet schon seit 75 Jahren auf eine Wiederholung des Chaos. Am 18. April 1906 wurde die Stadt am Pazifik von einem der schwersten Erdbeben der Geschichte nahezu vollständig zerstört. Erdstöße der Stärke 8,3 auf der Richterskala legten ganze Wohnviertel um, rissen Straßen auf und drückten eine viele Meter hohe Flutwelle in die Bucht. Gebrochene Gasleitungen speisten drei Tage lang einen Feuersturm, der die Innenstadt in Asche legte. Fast 700 Menschen fanden in Schutt und Glut den Tod.

Längs durch Kalifornien brach eine über 400 Kilometer lange Spalte auf, an der sich die Erdoberfläche sechs Meter gegeneinander verschob. Die Vernichtungskraft des Bebens von damals war so groß wie die mehrerer hundert Wasserstoffbomben. Ein Erdstoß in der Nacht zum 16. Oktober 1979 im Süden Kaliforniens ist für den amerikanischen Geologieprofessor Peter Franken von der Universität Michigan Grund zu größter Sorge: „Ein Jahrhundertbeben steht unmittelbar bevor."

Nach Ansicht vieler Experten kündigt sich das Debakel schon seit längerer Zeit durch eine Zunahme schwacher Erdstöße in ganz Kalifornien an. Damit ist auch Los Angeles, Olympiastadt für 1984, in großer Gefahr, durch ein katastrophales Beben in eine Ruinenstätte verwandelt zu werden. Schon seit Jahrtausenden drängt sich in Kalifornien die pazifische Scholle an die nordamerikanische Kontinentalplatte heran. Jeder Stoß läßt die Erdoberfläche erzittern. Da keines der Bruchstücke zur Seite weicht, verschieben sie sich relativ langsam zueinander. Der Geologe Professor James Whitecomb aus Pasadena fand heraus: „Immer wieder verkeilen sich an der Nahtstelle Gesteinsblöcke ineinander, hemmen die Bewegung und bauen gewaltige Spannungen auf. Kommt es zu einem Bruch, dann wird der Erdboden schwer erschüttert."

Durch den Mittelmeer-Raum, über die Türkei, Persien, Nordindien bis nach China, Japan und den Südpazifik zieht sich ein breiter Erdbebengürtel. In diesem Bereich liegen alle katastrophenträchtigen Bebengebiete.

Auch El Asnam, eine algerische Stadt, die 1980 binnen 30 Sekunden zerstört wurde, liegt in diesem Bereich. Mit einer unberechenbaren, gewaltigen Urkraft ist die Natur zum zweiten Mal über die Großstadt in Nordalgerien hergefallen: 1954 starben 1409 Menschen, am 11. Oktober

26

Erdbebengefährdete Zonen der Erde

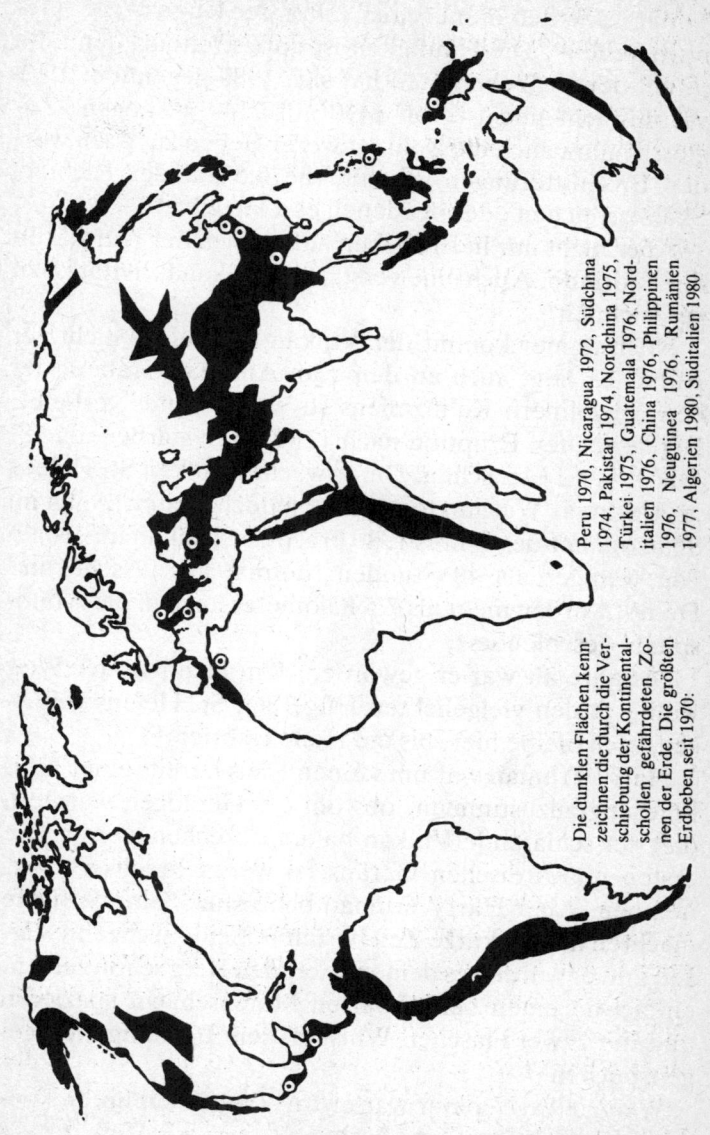

Die dunklen Flächen kennzeichnen die durch die Verschiebung der Kontinentalschollen gefährdeten Zonen der Erde. Die größten Erdbeben seit 1970:

Peru 1970, Nicaragua 1972, Südchina 1974, Pakistan 1974, Nordchina 1975, Türkei 1975, Guatemala 1976, Norditalien 1976, China 1976, Philippinen 1976, Neuguinea 1976, Rumänien 1977, Algerien 1980, Süditalien 1980

1980 wahrscheinlich über 10.000 in der zu 80 Prozent zerstörten Stadt.

Wir berichten immer noch unter der Überschrift „Geburtswehen". Die Häufigkeit ist unbestreitbar, denn die „Zahl der Erdbebentoten hat sich 1980 gegenüber 1979 verfünffacht und ist von 1490 auf 7140 gestiegen. Zugleich nahm auch die Zahl schwerer Beben zu; dazu werden Erschütterungen gezählt, die 6,5 auf der Richter-Skala erreichen oder bei denen es Tote gibt."

Aber nicht nur in Erdbeben äußert sich der Aufruhr in der Erdrinde. Auch eine verstärkte Vulkanaktivität ist zu verzeichnen.

Noch immer kommt der Vulkan St. Helens nicht zur Ruhe. Er liegt auch an dem San-Andreas-Graben, der den Bewohnern Kaliforniens so wenig Gutes verheißt. Bei der ersten Eruption nach 123 Jahren starben am 18. Mai 1980 62 Menschen. Der erwachte Vulkan St. Helens im US-Staat Washington spuckt jedoch weiter. Auch im Spätsommer des Jahres 1980 brach der Vulkan innerhalb von weniger als 48 Stunden fünfmal aus. Asche und Dampf wurden mehr als 7,5 Kilometer hoch in die Atmosphäre geschleudert.

84 Jahre alt war er geworden. Um nichts in der Welt wollte er den vielgeliebten Hügel am St. Helens verlassen. „Ich bleibe hier, bis die Hölle losbricht!"

Harry Truman war um keinen Preis bereit, einer Evakuierung zuzustimmen, obwohl die Geologen warnten, daß der schlafende Vulkan bald ausbrechen werde. Die ersten unterirdischen Geräusche waren bereits zu vernehmen. Aber Harry Truman blieb stur. Seine Sprüche machten ihn für kurze Zeit berühmt. Seine sechzehn Katzen und er würden es dem spuckenden Berg schon zeigen, einfach in einen benachbarten Minenschacht spazieren und mit „zwei Flaschen Whisky" dem Lavahügel entgegenspucken.

Wenige Tage später war er tot – begraben unter Tonnen von Asche und Lavagestein.

VERFÜHRT IN ALLE EWIGKEIT

Jesus sprach: Sehet zu, lasset euch nicht verführen. Denn viele werden kommen unter meinem Namen und sagen: Ich bin's. Folgt ihnen nicht nach.   (Lukas 21,8)

Eine Mutter ruft an, am Ende ihrer Kraft. Ihr Sohn, mittlerweile 22 Jahre alt, ist seit vier Jahren dem Hare-Krischna-Kult hörig. Er lebt in einem „Aschram", singt – mit Tamburin – viele hundertmal am Tag den vorgeschriebenen Singsang aus vier Worten, verehrt die lebensgroße Plastikpuppe des verblichenen Guru. Die Eltern sind in Todesangst, daß ihr Sohn bei diesem Treiben debil wird. Er hat nichts gelernt, liest nichts, weiß nichts. Sein Stolz ist es, beim kultischen Tanz besonders hoch zu springen. Wer am höchsten springt, ist Krischna am nächsten.

Ein anderer Fall: Sylvia war Krankenschwester aus Passion. Die Eltern schenkten ihr eine USA-Reise. In New York wird sie von einem netten Mädchen in einen „internationalen Kreis junger Leute" eingeladen. Wenig später schreibt sie ihren Eltern: „Ich habe eine Gruppe gefunden, die ihre ganze Kraft für christliche Ideale einsetzt." Als weitere Nachrichten ausbleiben, werden die Eltern unruhig. Dann ein Brief: Sie habe ihr Lebensziel gefunden, werde in Amerika bleiben. Sie schreibt anders als früher: teigig, fast kindlich.

Die Eltern, inzwischen gewarnt, fliegen nach New York, finden ihre Tochter in einem keineswegs „christlichen" Kreis, sondern als versiegelte, sklavisch ergebene Anhängerin des Mun-Kults. Ein Versuch, sie herauszuholen, endet mit einem Eklat: Verzweifelte Eltern, drohend und bittend, Sylvia mit merkwürdig starrem Blick, umringt von den „Munies", die sie mit allen emotionalen Tricks beschwören. Die Sekte siegt.

Diese Beispiele dokumentiert Dr. Rüdiger Altmann, dessen Stiefsohn Oliver von Hammerstein selbst ein Munie war. Dr. Altmann zieht das Fazit: „Die Psycho-Kulte befreien das ‚Ich' von seiner oft quälenden sittlichen und sozialen Verantwortung. Von solchem Ballast befreit, verläßt das Ich den Boden der Wirklichkeit, erfüllt mit dem unbestimmbaren Gas einer absurden Botschaft. Was von den Betroffenen als Steigerung ihrer Humanität empfunden wird, ist die Entwurzelung des Ich."

Wie viele andere wurde auch Cindy einer „Gehirnwäsche" unterzogen. Sie war bei den Kindern Gottes, den „children of God", gelandet. Dort werden die neuen Mitglieder längere Zeit Tag und Nacht wachgehalten und keine Sekunde alleingelassen. Die Angehörigen der Kommune lösen einander so diskret ab, daß die arglosen „Kinder" gar nicht merken, wenn der eine verschwindet und der nächste hereinkommt. Die Neubekehrten werden dazu angehalten, Tonbänder zu hören, mitzusingen und Mo's Briefe zu lesen. Und dies alles stunden- und tagelang.

Durch diese ununterbrochene Beschäftigung und den fehlenden Schlaf werden die jungen Leute allmählich völlig verwirrt. Ihr Denkvermögen bricht zusammen. Dadurch werden diese „Kinder" bereit, alles zu schlucken, was man ihnen erzählt.

Seit der Gründung der Sekte „Kinder Gottes" im Jahr 1969 haben Tausende von Teenagern und jungen Erwachsenen Schule, Arbeitsplatz und Familie verlassen, um sich den „children of God" anzuschließen. Man schätzt, daß sie in fünfundsechzig Ländern über 3.500 Mitglieder zählen und in Nordamerika und in Europa mehr als hundertzwanzig Kommunen haben. Die jungen Leute, die sich ihnen anschließen, kommen im großen und ganzen aus dem gehobenen Mittelstand – Studenten oder andere intelligente junge Menschen – mit einer vielversprechenden Zukunft.

Leiter der „Schafe" ist David Brandt Berg, auch bekannt als Mose David. Er ist über sechzig Jahre alt und lebt in Europa. Sein jeweiliger Aufenthaltsort ist nur seinen engsten Mitarbeitern bekannt.

Durch eine ständige Flut von Briefen werden die Nachfolger dieses Mannes in allen Bereichen des Lebens geschult. Die Sektenmitglieder sind tatsächlich überzeugt, daß diese schlüpfrigprimitive Literatur das inspirierte Wort Gottes ist und Berg zu den modernen Propheten unserer Zeit zählt. Sie glauben auch, daß Mose Davids Briefe eine Fortsetzung der Bibel für wenige Auserwählte darstellen.

Bisher wurden ungefähr dreihundertfünfzig Briefe von ihm verfaßt. Sie beschäftigen sich mit Sex, Politik, Manipulation der Massenmedien und den üblichen Propagandamethoden der Sekte. Den neubekehrten Kindern Gottes wird weisgemacht, daß Eltern, die nicht bereit sind, die Kommune finanziell zu unterstützen, vom Teufel seien. Zuerst werden sie als eventuelle Gönner angepeilt, und wenn sie nicht darauf eingehen, wird ihren Kindern verboten, sie anzurufen oder sie zu besuchen. Deshalb greifen viele Eltern in die Tasche, nur um mit ihren Kindern in Verbindung bleiben zu können.

Auch Beispiele von Gehirnwäsche und sexuellen Verfehlungen werden berichtet. Einerseits gibt es strikte Regeln, die Sex vor der Ehe verbieten. Andererseits werden Ehen nur für ein oder zwei Nächte geschlossen. Ehemalige Mitglieder beschrieben, daß sie während ihres Aufenthaltes in der Kommune und noch lange nachher in einer Art Trancezustand schwebten. Sie fühlten sich wie auf Wolken, solange sie mit ihrem Stimulator in Verbindung standen – das heißt, mit Mo's Briefen und seinen Gebeten. Psychiater erklärten, daß die Mitglieder der Kinder Gottes sich ständig im Halbschlaf befinden. Ihr freier Wille ist beeinträchtigt, ihre Psyche hat sich total verändert.

JUGENDSEKTEN IN DEUTSCHLAND

Familie der Liebe (family of love),
früher auch „Kinder Gottes" (children of God) genannt.
Gründer und Leiter ist der Amerikaner David Berg
(„Mose David"), der seine Lehre in sogenannten „Mo-
Briefen" verbreitet. Berg prophezeit den Weltuntergang,
vor dem nur die „Revolution der Kinder Gottes" retten
kann. Neue Anhänger wirbt Berg durch Druckschriften
und durch die sexuellen Reize seiner Mitglieder. 400 bis
600 Anhänger haben die „Kinder Gottes" in der Bundesrepublik. Sie leben in Heimen, früher „Kolonien", von
der bisherigen Umwelt total getrennt, und überweisen
das Geld, das sie durch den Verkauf der „Mo-Briefe" und
durch Spenden verdienen, direkt an die Zentrale.

Vereinigungskirche (Mun-Sekte)
Gründer und Leiter ist der Koreaner San Maung Mun,
der bis vor kurzem die angeblich überparteiliche Wo-
chenzeitung „Der Report" herausgab. Mun strebt das
„Reich Gottes auf Erden" durch die Vereinigung der
Menschheit und die Vernichtung des Kommunismus an.
Wer sich zu seinen „Göttlichen Prinzipien" bekennen
will, übereignet vorher sein ganzes Vermögen der Sekte.
Die Sekte hat in der Bundesrepublik etwa 2000 Mitglie-
der, die alle Brücken hinter sich abgebrochen haben.

Mission des göttlichen Lichts (Divine Light Mission)
Leiter ist der indische Guru Maharay Jy, der sich von
rund 800 Anhängern in der Bundesrepublik als „Herr des
Universums" verehren läßt. Beim „Meister" sollen sie
Frieden und vollkommene Ruhe finden. Finanziert wird
die Gruppe durch Spenden, Basare und Flohmärkte.

Hare Krishna
Gründer ist der im November 1977 verstorbene indische
Guru Bhaktivedanta Swami Prabhupada, der seinen Jün-

gern die Erlangung des Gottesbewußtseins durch das Singen der Gottesnamen „Hare", „Krishna" und „Rama" verspricht. Seit einem Prozeß wegen Bettelbetrugs hat die Gruppe in der Bundesrepublik nur noch rund 100 Anhänger. Das bei Gesang und Tanz erbettelte Geld wird an die Zentrale abgeführt.

Ananda Marga (Prout)

Gründer ist der Inder P.R. Sarhar, genannt Shrii Shrii Anandamurtii (personifizierte Glückseligkeit). Er wird von den Mitgliedern der Sekte – in der Bundesrepublik etwa 5000 junge Leute – als Gott verehrt. Die Sekte verherrlicht Gewalt und bezeichnet Demokratie als „Herrschaft der Dummen durch Dumme über Dumme". Mehrere Mitglieder haben sich schon – aus Protest gegen die Inhaftierung ihrer Oberhäupter – selbst verbrannt.

Scientology Kirche

Gründer und Leiter ist der ehemalige Science-fiction-Autor Ronald Hubbard, der Wiedergeburt und Reinigung der Welt lehrt. Hubbard bietet in der Bundesrepublik sogenannte Kurse an, eine Mischung aus Beichte und Interview, der sich schon Zigtausende von Teilnehmern unterzogen, um „frei" zu werden. Unter verschiedenen Tarnnamen unterhält die Gruppe Zweigorganisationen: „Ziel" (Zentrum für individuelles und effektives Lernen); „Narconon" (Betreuungsorganisation für Drogenabhängige); „Kommission für Verstöße der Psychiatrie gegen Menschenrechte". Nach einem Urteil des Landgerichts Stuttgart darf gesagt werden „... die Scientology-Kirche ist in Wahrheit nicht der Welt größte Organisation für seelische Gesundheit, sondern der Welt größte Organisation aus unqualifizierten Leuten. Ihre Praxis ist eine ernste Bedrohung der Gesellschaft, medizinisch, moralisch und sozial. Ihre Anhänger sind bedauernswerte Verführte und vielfach seelisch krank."

Transzendentale Meditation (TM)

Gründer ist der Inder Maharishi Mahesh Yogi, der in der Bundesrepublik rund 60 000 Anhänger fand. Durch Meditation sollen sie den Weg zur Seligkeit, frei von Leiden und Problemen, finden. Die Gruppe finanziert sich hauptsächlich durch hohe Kursgebühren.

Bhagwan

Gründer dieser Gruppe ist der Inder Rajnesh Chandra Mohan aus Poona, der sich „Bhagwan" (der Göttliche) nennen läßt. Durch Therapie und Meditation sollen seine Anhänger, die vor allem aus jungen Intellektuellen bestehen, sich von den Zwängen geistiger und materieller Art befreien und „ihr Selbst" finden. Die Bhagwan-Bewegung gewinnt in der Bundesrepublik seit einiger Zeit auffallend an Boden.

PROMINENZ SCHÜTZT VOR IRRTUM NICHT

Auch unter euch werden falsche Lehrer sein, die nebeneinführen verderbliche Sekten und verleugnen den Herrn.

(2. Petrus 2,1)

Die Bibel warnt uns eindeutig vor den falschen Propheten, die sich hauptsächlich in der letzten Zeit stark machen werden. Sie stiften Ersatzreligionen und finden eine zunehmende Schar von Anhängern. Diese Welle schließt auch den Zulauf zu den großen Sekten wie Zeugen Jehovas, Mormonen und anderen mit ein. Okkultismus, Spiritismus oder Satanskult, sie alle erleben eine wahre Renaissance und haben allesamt ihre prominenten Aushängeschilder. Eva Renzi pilgert nach Indien und kommt zerbeult an Leib und Seele zurück. Hildegard Knef kommt ohne ihren Astrologen mit seinen hellseherischen Fähigkeiten nicht mehr aus. George Harrison von den Beatles singt „My sweet Lord" (Mein lieber Herr) und meint damit Hare Krischna. Und dann die wohl größte Sektentragödie der Geschichte: Über 900 (neunhundert!) Männer, Frauen und Kinder setzten in dem Dschungel von Guayana ihrem Leben ein Ende. Jim Jones hatte es so befohlen. Hätten seine Treuergebenen nur beherzigt, was Jesus über die falschen Propheten weissagte, so hätte ihr furchtbares Schicksal abgewendet werden können: „Sehet zu, daß euch niemand verführe! Denn viele werden unter meinem Namen kommen und sagen: Ich bin der Christus! Und sie werden viele verführen" (Matthäus 24,4, Elberfelder Übersetzung). So läßt auch der Apostel Paulus seinen Mitstreiter Timotheus wissen, daß in späteren Zeiten etliche vom Glauben abfallen werden, indem sie auf betrügerische Geister und Lehren von Dämonen achten, die in Heuchelei Lügen reden und hinsichtlich des eigenen Gewissens wie mit einem Brenneisen gehärtet sind.

DROHT EINE NUKLEARKATASTROPHE?

„Woher kommt Streit und Krieg unter euch? Kommt's nicht daher: aus euren Lüsten, die da streiten in euren Gliedern? Ihr seid begierig und erlanget's damit nicht, ihr mordet und neidet und gewinnet damit nichts, ihr streitet und kämpfet.   (Jakobus 4,1 und 2)

Stehen wir vor dem Ausbruch des Dritten Weltkrieges? Eines ist sicher: Nie hatten die Menschen in den letzten Jahrzehnten mehr Angst vor großen Katastrophen, und nie waren die Prognosen von Wissenschaftlern düsterer. Allerorts werden Ratschläge gegeben, wie wir der nuklearen Katastrophe entgegenwirken können. So warnt Artur Missbach in seinen „Vertraulichen Mitteilungen" vor einer möglichen militärischen Entladung der großen weltumspannenden Krisen und gibt seinen Lesern folgende Ratschläge:

1. Wer es sich leisten kann, möge sich in die Schweiz oder nach Österreich absetzen.

2. Finanzielle Vorsorge durch Rentenversicherung in der Schweiz.

3. Vorhandenes Vermögen in Schweizer Franken konvertieren und einen Notgroschen in Gold anlegen.

Andere geben Bauanleitungen für Atomschutzbunker, wieder andere zeigen, wie man am besten Nahrungsvorräte für mehrere Jahre anlegt.

Die Angst wird noch geschürt durch Pressemeldungen, die die längst besiegt geglaubte, mittelalterliche Seuche Pest wieder möglich erscheinen läßt. In einer für die US-Regierung erstellten wissenschaftlichen Arbeit erklärt Professor Herbert Adams: „Bei der Hälfte der Überlebenden eines Atomkrieges hat die Strahlung die Widerstandskraft gegen Infektionen herabgesetzt. Das würde wahrscheinlich zum Ausbruch mittelalterlicher Seuchen führen. In den Leichen der Opfer würden Insekten brüten und zu Malaria, Pest, Typhus und anderen Epidemien führen."

Das erklärt selbst bisher recht unverständliche Aussagen der Bibel, wie z.B. Offenbarung 6,8: „ ... und siehe, ein fahles Pferd. Es wurde ihm Gewalt gegeben über den vierten Teil der Erde, zu töten mit dem Schwert und mit Seuche." Die englische Übersetzung spricht an dieser Stelle von Pest. Oder Hesekiel 38,22: „ ... Gericht an ihm üben durch die Pest ..." Gemeint ist das göttliche Gericht an dem Angreifer (aus dem Norden) auf Israel.

Keine guten Aussichten für den alten Planeten Erde und seine Bewohner.

IN WENIGEN STUNDEN DETONIERT IN NEW YORK EINE WASSERSTOFFBOMBE

Und da es das vierte Siegel auftat, hörte ich eine Stimme der vierten Gestalt sagen: Kommt! Und ich sah, und siehe, ein fahles Pferd. Und der darauf saß, des Name hieß Tod, und die Hölle folgte ihm nach. Und ihnen ward Macht gegeben über den vierten Teil der Erde, zu töten mit dem Schwert und Hunger und Tod und durch die wilden Tiere auf Erden. (Offenbarung 6,7-8)

Hat das Schriftsteller-Team Collins/Lapierre recht, das in seinem Buch „Der fünfte Reiter" eine Bombe in New York hochgehen läßt?

Gaddafi hat sie versteckt. Wenn die Amerikaner die Israelis nicht binnen 36 Stunden dazu veranlaßt haben, die Siedlungen im Westjordanland zu räumen und dort einen Palästinenserstaat zu errichten, dann ..., ja dann wird New York vom Erdboden verschwinden. Die Bombe wird über den Satelliten „Oscar" von Gaddafi persönlich ferngezündet. Somit ist eine Radarüberwachung ausgeschlossen.

Im Weißen Haus wird fieberhaft beraten, die Weltmächte werden in das Geschehen eingeweiht und Druck auf Herrn Begin wird ausgeübt, nachzugeben und die Siedlungen zu räumen. Seine Antwort: Sofort eine Luftflotte, bestückt mit Atomsprengköpfen, nach Libyen entsenden, um dieses Land und seine Bewohner auszuradieren. Das Kriegsmanöver wird Minuten vor dem Abwurf gestoppt. Im Weißen Haus im Büro des Sicherheitsberaters versucht man, den Präsidenten mit Gaddafi über Telefon und Videoverbindung in Verbindung zu setzen, um Zeit zu gewinnen. Keine Chance. Der Libyer gedenkt seinen wahnsinnigen Plan auszuführen. 5 Millionen unschuldiger Menschenopfer für das Hirngespinst eines Mannes. Wird die Bombe explodieren?

Das Aufregende an dem Buch „Der fünfte Reiter" ist, daß es Wirklichkeit sein könnte. Nicht nur, daß Personen des heutigen politischen Lebens in das Geschehen einbezogen sind, sondern vor allem, weil es so, wie es da steht, jetzt und hier geschehen könnte. Furchtbar.

Übrigens stehen dort, wo normalerweise eine Widmung in einem Buch ihren Platz hat, als Einleitung für dieses 445 Seiten Werk die Verse aus der Offenbarung des Johannes, die auch hier unter der Überschrift stehen.

Einige Fakten sollen die Gefährlichkeit der Situation verdeutlichen.

Israel hat seit Jahren die Atombombe. Es hat eine Schwerwasserproduktion für seine Reaktoren und eine kleine Wiederaufbereitungsanlage, um das anfallende Plutonium zu Bombenmaterial zu verarbeiten. Man schätzt, daß Israel mehr als dreißig Bomben besitzt. Übrigens: Plutonium in der Größe einer Pampelmuse reicht aus, um die ganze Weltbevölkerung auszuradieren!

Libyen ist auf dem Weg, sich mit seinem Ölreichtum in Pakistan die Bombe zu beschaffen. Flugzeuge zum Abwurf der Bomben sind genügend vorhanden.

Weiter dürfen wir vermuten, daß Länder wie Südafrika, Indien, Taiwan, Argentinien, Brasilien, Ägypten, Südkorea und der Irak entweder die Atombombe bereits haben oder aber im Begriff sind, sie in Kürze herzustellen. Welch schreckliche Aussichten! Alle diese Länder liegen mit irgendeinem anderen Staat in Konflikt. Denken wir nur an Taiwan und seinen Streit mit China. Wie soll sich dieses kleine Taiwan wehren? Vielleicht mit der Atombombe. Immerhin hat man in diesem Staat zwei neue große Kraftwerke und eine ganze Reihe von Versuchsreaktoren.

Oder denken wir an Südkorea, das in einem ständigen Kampf mit den feindlichen Brüdern aus Nordkorea liegt. Auch Südkorea hat zwei Versuchsreaktoren und bald ein halbes Dutzend Kernkraftwerke.

Südafrika wird immer mehr in eine isolierte Lage gedrängt. Wir im Westen spielen da ganz heftig mit. Es scheint uns gar nicht zu stören, daß im Süden Afrikas ein Staat nach dem anderen dem sowjetischen Einfluß unterliegt, so Mozambique, Angola und jetzt auch Simbabwe-Rhodesien. Alles Nachbarstaaten von Südafrika. Wann sieht sich Südafrika gezwungen, bei all den Feinden ringsumher, die Bombe einzusetzen? Immerhin verfügt Südafrika über ein Viertel der Welt-Uran-Förderung. Einer seiner Versuchsreaktoren wurde ohne fremde Hilfe entwickelt. Eine Urananreicherungsanlage wurde mit deutscher Beratung gebaut, eine weitere selbständig entwickelte und viel größere ist im Bau.

Quo vadis, Welt? Nicht der fünfte Reiter, sondern die vier Reiter aus der Offenbarung des Sehers Johannes werden kommen. Man meint, die Huftritte bereits zu vernehmen. Der Platz in diesem Buch würde nicht ausreichen, um über alle Scharmützel, Feindseligkeiten, Gefechte und Kriege zu berichten, die gerade jetzt überall in dieser unserer Welt ausgetragen werden.

Ich erinnere nochmals daran, daß es natürlich schon immer Kriege und Kriegsgeschrei gab. Aber entscheidend ist die Zunahme an Häufigkeit und Heftigkeit so wie bei den Geburtswehen. Das Säbelrasseln eines Herrn Gaddafi ist uns ein Vorbote. Wie schnell er ernst macht, sehen wir an seinem widerrechtlichen Eingreifen im Nachbarstaat Tschad. Lassen wir uns nicht täuschen von kurzen Intervallen der Ruhe, denn das ist auch bei den Geburtswehen nicht anders.

Angesichts der fatalen Folgen eines eventuellen Mißbrauchs der Atomenergie können wir verstehen, wie es dem kürzlich verstorbenen amerikanischen Nobelpreisträger Harold Urey zumute war, als er in einem Interview erklärte: „Ich habe damals die Tragweite der Entdeckung des schweren Wasserstoffs (Deuterium) unterschätzt und bedauere sie heute zutiefst."

Harold Urey befindet sich in guter Gesellschaft. Manch anderem Wissenschaftler wird bei dem Gedanken angst und bange, was wohl alles geschehen kann, wenn terroristische Organisationen sich dieser Mammutwaffe bemächtigen. Wem jedoch wird das schlechte Gewissen nützen, wenn – wie im Fall Urey, der im sogenannten Manhattan-Projekt am Bau der ersten amerikanischen Atombomben im zweiten Weltkrieg beteiligt war – diese Bombe, wie in Hiroshima und Nagasaki, wirklich gezündet wird.

Wehe uns, wenn wir uns auf Menschen verlassen! Der

heilige Gott läßt uns wissen: Wer sich auf Menschen verläßt, der sei verflucht.

DER MENSCH IST TOT

Der natürliche Mensch vernimmt nichts vom Geist Gottes.
(1. Korinther 2,14)

Bei der Beschreibung der Geschehnisse unserer Zeit besteht die Gefahr, der Schwarzmalerei bezichtigt zu werden. Viel lieber berichtete ich über positive Ereignisse, von denen es genügend gibt. Nur, der Inhalt dieses Buches möchte auf die Gefahren aufmerksam machen, die warnend das Gericht Gottes ankündigen und die von Jesus selbst in den Evangelien vorausgesagt wurden. Oft fehlt uns in unserer Alltagsroutine die Zeit, über Wesentliches nachzudenken, sonst müßte uns auffallen, welchen modernen Ersatzgöttern wir oft anhängen. Nehmen wir die Malerei: Das erste moderne Gemälde von Pablo Picasso war „Les Desmoiselles d'Avignon". Die Botschaft des Bildes kann nur heißen: Der Mensch ist tot. Diese „Damen" sind wesensmäßig keine Menschen mehr, sondern tote Figuren. Sie haben Gesichter ohne menschliche Züge oder tragen Masken. Picasso hat ausgedrückt, daß der Mensch nicht mehr ist als eine Maschine oder Lochkarte. Der Mensch ist eine Nummer und nichts weiter. Nicht einmal Verzweiflung hat er abgebildet, nur seinen Notschrei. Da fragen manche: „Konnte dieser Mann denn nicht wie Rembrandt malen?"

Vielleicht konnte er das; er war ein großer Maler. Aber hätte Picasso wie Rembrandt gemalt, dann hätte er gelogen. Er hatte nicht die gleiche Weltanschauung. Picassos Weltanschauung war: Der Mensch ist tot. Und was damals revolutionär klang, was viele Leute aufgeregt hat, ist heute normal.

Eine ähnliche Botschaft enthält ein Bühnenstück von Samuel Becket. Ich habe es bei den Bad Hersfelder Festspielen einmal gesehen,, und es hat mich stark beeindruckt: „Warten auf Godot". „Godot" bedeutet eigentlich nichts anderes als Gott.

Da sehen Sie nur zwei Figuren auf der Bühne, die miteinander reden. Sie reden eigentlich nichts Sinnvolles; aber das Reden deutet darauf hin, daß sie auf jemand warten, der niemals kommt; denn „Gott ist tot", Gott schweigt. Es gibt keine Antwort mehr auf die großen Fragen. Gott ist tot, der Mensch ist tot. Und die Menschen haben das gut verstanden, so daß sie Samuel Becket den Nobelpreis für Literatur zugesprochen haben.

Auch Ernest Hemingway empfing diese Auszeichnung. In seinen Büchern schrieb er über den Kampf des Menschen gegen den Tod. Diese Schriften waren aufrichtig, denn er selbst kannte diesen Kampf. Er war ein moderner Mensch, der es verstand, moderne Menschen zu beschreiben. Er hat selbst diesen Kampf verloren und – sehr wahrscheinlich – Selbstmord begangen. Er wußte, was der moderne Mensch war.

Oder betrachten wir die Musik, die Propheten und Philosophen der Popkultur. Zum Beispiel Jimmy Hendrix – Selbstmord durch eine Überdosis an Drogen. Oder Superstar Elvis Presley – Herzinfarkt. Das klingt so wenig aufregend. Aber was stand dahinter? Er, der alles hatte, dem nichts fehlte, war todkrank, stark depressiv und sicherlich nahe dem Zustand des Verrücktwerdens.

„ICH BIN GRÖSSER ALS JESUS CHRISTUS"

Gott widersteht dem Hochmütigen.   (Jakobus 4,6)

Das Magazin der „Welt am Sonntag" schrieb am 8.2.1981 in einem Bericht zu dem Tode John Lennons: „Der 8. Dezember 1980 war ein ungewöhnlich warmer Tag gewesen. Jay Hastings, der 27jährige Pförtner des Dakota-Hauses, hatte die Tür zu seinem Büro auch am späten Abend noch weit offen.

So sah er, wie Yoko Ono und John Lennon gegen 22.50 Uhr in einer schwarzen Mietlimousine vorfuhren. Das Paar kam von Plattenaufnahmen im Record Plant Studio an der 44. Straße West. Sie hatten an der Single „Walking on thin ice" gearbeitet.

,Wir hatten eigentlich vorgehabt, essen zu gehen, entschlossen uns dann aber, statt dessen doch gleich nach Hause zu fahren', sagte Yoko Ono.

Sie war schon an Jay Hastings vorbei, und gleich würde John Lennon den Pförtner, den er beim Vornamen nannte, mit einem freundlichen ,bon soir' begrüßen.

Der heimkehrende Musiker hatte eben die Toreinfahrt durchquert, da rief jemand vom Gehsteig her seinen Namen: ,Mister Lennon!'

Als er sich umdrehte, sah er sich einem jungen Mann gegenüber. Er war knapp zwei Schritte von ihm entfernt. Die Arme hielt er weit von sich gestreckt, seine Hände umklammerten einen Revolver. Bevor John Lennon reagieren konnte, feuerte Mark David Chapman, 25, viermal.

,Ich bin getroffen', waren die letzten Worte, die John Lennon sprach. Dann brach er auf den Treppenstufen vor der Pförtnerloge des Dakota-Hauses zusammen. Jay Hastings beugte sich über ihn und sah, daß Blut aus seinem Mund und seiner Brust quoll. Vorsichtig nahm er dem Schwerverletzten die Brille ab und deckte ihn mit seiner blauen Uniformjacke zu.

Dann telefonierte Hastings nach einer Ambulanz und der Polizei. Als er sich wieder umwandte, sah er Yoko Ono, die bei ihrem Mann auf dem Boden kauerte. Mit den Armen hielt sie seinen Kopf umschlungen, Tränen rannen ihr über das Gesicht."

Am nächsten Abend sollte ich eine Andacht in einer benachbarten Gemeinde halten. Sollte ich zu dem Tod John Lennons etwas sagen? Ich bat einen Mitarbeiter, der sich vor Jahren vor seiner Entscheidung für Jesus Christus intensiv mit der Arbeit John Lennons befaßt hatte, um Rat. „Dieser Mann hat ein Stück meines Lebens geprägt", verriet er mir. „Haben Sie jemals seine Texte aufmerksam studiert?" wollte er wissen. Ich verneinte, und dann schrieb er mir aus dem Gedächtnis einiges auf.

Welche Gottesverachtung, welches Hohnlachen auf die heiligen Dinge war dort zu finden! Ich erfuhr, daß es eine Zeit im Leben John Lennons gegeben hat, in der er sich absichtlich und wissentlich für seine Arbeit und den Erfolg dem Teufel verschrieben hat. Jedem, der es hören wollte, erklärte der Musiker, daß die Beatles größer als Jesus Christus seien. Welche unglaubliche Anmaßung!

Derek Taylor, der Presse-Manager der Beatles, charakterisierte sie folgendermaßen: „Sie sind absolut wild, profan, vulgär, ja komplett antichristlich." Er setzte hinzu: „Ich bin antichristlich, aber diese Kerle schockieren sogar mich."

Yoko Ono bat die Millionen Freunde ihres verstorbenen Mannes auf der ganzen Welt, für die Seele John Lennons zu beten. Wie gut, daß Gott selbst und sein Wort der Richter der Gedanken und Sinne ist. Gott läßt seiner nicht spotten.

Die Orientierungslosigkeit kennt keine Grenzen. Unsere Ersatzgötter sind zahllos. Und wehe, einer entscheidet sich für die wirkliche Wahrheit, dann kürt ihn Deutschlands größte Zeitschrift „Hör zu" zum „Absteiger des Jahres". Gemeint ist Bob Dylan, die Vaterfigur der sogenannten Gegenkultur. Er konnte wie kein zweiter die Entfremdung der westlichen Welt von ihren eigenen Idealen artikulieren. Nun ist er der Verräter, weil er radikal allem den Rücken gekehrt hat, was er selbst lange Zeit mitgeprägt hatte. Er ist nämlich Christ geworden und zeigt mit seiner neuen Platte „Saved", daß er es bleiben will.

Der Visionär von gestern hat seine eigenen Visionen eingetauscht gegen die eines Messias von vor zweitausend Jahren. Er hat nie mehr provoziert als heute, wo er Jesus Christus und sonst keinen meint, wenn er singt: „DU hast einen Hunger in mir gestillt, den ich immer nur geleugnet habe", oder „Ich bin ja so froh, Herr, ich danke Dir, ich bin ja so froh."

Wo sind wir eigentlich hingekommen? Sind alle Maßstäbe der Ethik und Moral ins totale Gegenteil gerutscht? Erlaubt ist, was gefällt, auch auf Kosten der anderen. Keine Kulturepoche hat eine derartige dekadente Auflehnung schadlos überstanden. Wir huldigen falschen Göttern und rühmen uns dieser fatalen Gesinnung. Unsere besten Freunde sind die Superstars der Mattscheibe, und ihre charakterliche Prägung findet unseren Beifall. Ich gebe Ihnen im nächsten Abschnitt einen kleinen Einblick in die charakterliche Qualität eines sogenannten Supermannes.

DER BIBERKOPF

Darum hat sie auch Gott dahingegeben in ihrer Herzen Gelüste, in Unreinigkeit, zu schänden ihre eigenen Leiber an sich selbst, sie, die Gottes Wahrheit verwandelt haben in Lüge und haben geehrt und gedient dem Geschöpf statt dem Schöpfer, der da gelobt ist in Ewigkeit. Amen. Darum hat sie Gott auch dahingegeben in schändliche Lüste, denn ihre Weiber haben verwandelt den natürlichen Umgang in den unnatürlichen. Desgleichen auch die Männer haben verlassen den natürlichen Umgang mit dem Weibe und sind aneinander entbrannt in ihren Lüsten und haben Mann mit Mann Schande getrieben und den Lohn ihrer Verirrung, wie es ja sein mußte, an sich selbst empfangen.

(Römer 1, Verse 24 bis 27)

Der „Stern" nannte ihn „Genie" und die „Süddeutsche Zeitung" einen „hoffnungslos guten Menschen", für die „New York Times" war er gar der „Messias des neuen deutschen Films".

So erfüllt Rainer Werner Fassbinder alle Voraussetzungen, um als anerkannter Künstler unserer Gesellschaft in Ehren gehalten zu werden. Mit 20 kurbelte er seinen ersten Film. Zwei Jahre später wurde er Mitglied des Münchener „Action Theater", dessen Leiter Horst Söhnlein nach der ersten Kaufhausbrandstiftung von Andreas Baader und Gudrun Ensslin in Frankfurt mitverurteilt wurde.

Bald gründete Fassbinder sein eigenes Schauspieler-Kollektiv, das „antitheater". Schon der zweite Film „Die Katzelmacher" brachte den Durchbruch. Es regnete Bundesfilmpreise und einen Scheck aus Bonn über 650.000 Mark.

Fassbinders Helden sind die normalen Menschen von nebenan, aber allzuoft auch kaputte Typen, verklemmte Versager, Schwule, Prostituierte und Proleten. Vieles trägt autobiographische Züge. Über den Helden des Romans „Berlin Alexanderplatz", den er für das Fernsehen verfilmte, sagte er: „Der Biberkopf, das bin ich."

Wer auch nur Minuten dieser Fernsehserie sah, mußte über soviel Geschmacklosigkeit empört sein. Aber Fassbinder wird noch immer als der beste Filmregisseur hierzulande bezeichnet. Sein zur Schau gestelltes Privatleben hat fraglos zu seiner Popularität beigetragen. Die Boulevardpresse erhöhte seinen Bekanntheitsgrad:
– Bild: Fassbinder schlug Kollegin
– Abendzeitung: Starregisseur muß in die Tasche greifen
– BZ: Fassbinder flog aus dem Hotel.

Der Regisseur erzählt aus seiner Intimsphäre: „Ich war im Flugzeug von Athen nach München ziemlich betrunken und entsprechend deprimiert. Da sagte ich halt zu Ingrid Caven (Schauspielerin): ‚Komm, laß uns heiraten.' Das haben wir dann auch getan. Aber ich lasse mich bald wieder scheiden. Ehe ist großer Quatsch."

Oder er spricht über seine homosexuellen Neigungen: „Natürlich ist das ein Stück von mir. Ich habe ein sehr liebevolles Verhältnis zu den Spaßmöglichkeiten, zur Lust, zu alldem, was mein Körper in der Lage ist zu produzieren."

Wenig später wurde sein Freund Armin Meier tot in seiner Wohnung aufgefunden: Tablettenvergiftung, Selbstmord. Ich will Ihnen die genauen Umstände ersparen, wie sie am 2. November 1980 in der „Welt am Sonntag" dargelegt wurden, sonst würden Sie Rainer Werner Fassbinder recht geben, wenn er von sich selbst sagte: „Ich habe die konkrete Utopie der Anarchie im Kopf."

Dazu paßt, wenn er in seinem Filmstreifen „Der Müll, die Stadt und der Tod" Hans von Gluck sagen läßt: „Er saugt uns aus, der Jud ... Sie haben vergessen, ihn zu vergasen."

O kranke Phantasie! Wie paßt das Persönlichkeitsbild so treffend zusammen: anarchistische Gesinnung, Judenhaß und eine unmoralische Einstellung mit dem Hang zur Homosexualität. Nun ist er tot. Mit 36 Jahren nackt auf der Matratze, den Glimmstengel noch zwischen die Zähne gepreßt. „Vor was haben Sie Angst?" hat man ihn noch kurz vor seinem Tod gefragt. „Vor dem Tod, davor, einfach nicht mehr da zu sein." Sollen das unsere Ersatzgötter sein?

Die Massenmedien tragen ein großes Maß an Mitschuld und Verantwortung in der Suggerierung von Ersatzgöttern. An allen Orten war im Sommer 1981 von der Fernsehserie „Dallas" die Rede. Kaum ein Magazin, ja kaum eine Tageszeitung, die sich dieses scheinbar so unglaublich wichtigen Themas nicht annahm. Ich dachte, es wäre von Vorteil, sich einmal eine Serie anzusehen, um Rede und Antwort stehen zu können. Das hätte ich mal besser sein lassen. Viel mehr als eine schnulzige Story war das nicht. Kein Wunder, daß der Drehbuchautor auf die Frage, warum diese Serie so einen unwahrscheinlichen Erfolg hätte, zur Antwort gab: „Ich habe nur versucht, einen ganz einfachen Kitschroman zu schreiben!" Immerhin hat der „Kitschroman" gereicht, um bei uns, ähnlich wie in Amerika, am Sendeabend die Straßen leerzufegen.

Fast mit ein wenig Neid gucken wir jetzt über den Atlantik, wo die religiös-nationale Bewegung „moral majority" es immerhin geschafft hat, solche anzüglichen und manchmal fast schon pornografischen Serien, zu denen man auch „Dallas" zählt, aus den Fernsehprogrammen zu streichen. Ob sich das die Deutschen auch gefallen ließen? Oder sind unsere „Ersatzgötter" schon zu „heilig"?

JESU HOCHZEIT

Irret euch nicht! Gott läßt sich nicht verspotten. Denn was der Mensch sät, das wird er ernten. (Galater 6,7)

Nicht nur Film, Funk und Fernsehen, auch die Oper macht nicht halt vor Blasphemie. Nach Wien war Hannover der Ort der deutschen Erstaufführung der Oper „Jesu Hochzeit". Das war selbst der Vereinigung deutschsprachiger Bürgerinitiativen zum Schutz der Menschenwürde zuviel. Sie bezeichnet das Stück als Gotteslästerung und Kulturschande und zeigt damit deutlich, was eigentlich gespielt wird.

Nach der Verächtlichmachung der Jungfrauengeburt durch profanes Gerede von Maria und Josef steigert sich der Frevel ins Ordinäre durch die „Tödin". Sie wird nicht nur dargestellt als Personifizierung des Todes, sondern auch der Sünde: Mit dem „Chor der Sterblichen" singt sie: „Lasset uns fressen, saufen, huren," und wird zum Verräter durch ihr späteres Auftreten in der Maske des Judas Ischariot.

Kernpunkt der Gotteslästerung ist die perverse Idee von einer Hochzeit Jesu mit der Tödin. Jesus tritt in dieser Oper als Liebhaber der Tödin auf. Er spricht zu ihr: „Liebe mich, ich mache dich sterblich, komm, laß dich berühren, ich will dich verführen, du sollst mir gnädig sein!" und schließlich küssen sich beide.

Jesus Christus, der Heiland der Welt, der selbst ohne Sünde die Menschen von der Sünde befreit, geht hier nicht nur wie Faust einen Pakt mit dem Teufel als Repräsentanten der Sünde ein, sondern vereinigt sich sogar mit der Sünde in einer Frau, die sich der schlimmsten weiblichen Entartung – der Hurerei – rühmt.

Wenn Jesus in diametralem Gegensatz zu seiner Sendung, die ihn zur Erlösung von der Sünde beruft, in eine so weitgehende Gemeinschaft mit der Sünde sich einläßt, dann muß dies notwendig zu einer Gewaltherrschaft der Sünde über ihn führen. So legt denn zum Schluß die Tödin mit den Worten: „Ich bin die Verführung, ich bin der Verrat, und ich bin das Gericht!" die Maske des Richters mit weißer Perücke an, spricht ihn schuldig und verurteilt ihn zum Tode.

Hierdurch wird bewußt nicht nur dem Leben Christi ein Ende gesetzt, sondern auch der christlichen Botschaft von der Erlösung durch den Kreuzestod Jesu Christi und seine Auferstehung, ganz zu schweigen von der Hoffnung auf seine Wiederkunft.

Es wird der totale Sieg der Sünde verkündet, repräsentiert durch die Tödin und ihre Gefolgschaft mit ihrem Bekenntnis: „Wir sind verdammt zur Unvollkommenheit, verdammt zu Fleisch und Blut, Gier, Neid und Heuchelei", und ihrer Ablehnung der von Jesus verkündeten Erlösung von der Sünde.

Es ist geradezu bestürzend, wenn die Hannoversche Allgemeine Zeitung am 3.12.1980 schreiben muß, daß die schärfsten gegensätzlichen Positionen während einer Diskussionsrunde in der Marktkirche von dem evangelischen Stadtsuperintendenten Hans Werner Dannowski und Dr. Siegfried Buchholz vertreten wurden. Bestürzend, weil sich ein Kirchenvertreter in einer solchen verwerflichen Sache nicht als Pro-testant, sondern als Pro-stimmer für die Oper ausweist. Ganz anders dagegen Buchholz, der so formuliert: „Wer so über Gott redet wie Lotte Ingrisch (Texterin der Oper), hat mit Sicherheit nie begriffen, wer Gott ist und wie Gott ist und was er von uns will. Der fundamentalste und wichtigste Aufhänger für alles Reden über Gott ist im Text dieser Oper nicht enthalten: Ehrfurcht. Und wer ohne Ehrfurcht über Gott redet, macht sich schuldig. Wer Jesus Christus, den für uns gestorbenen Sohn Gottes, nicht nur pikant, frivol und publikumswirksam, sondern auch noch verlogen vertextet, legt damit die Axt an die Wurzel aller Wertmaßstäbe.

Darüber hinaus ist das auch so etwas wie staatlich subventionierter Kahlschlag sittlicher Werte. Es ist wirklichkeitsfremd anzunehmen, daß diese ‚Mysterienoper' nicht noch weitere Werte in unserer ohnehin schon stark sinnentleerten Gesellschaft abbaut.

Wir wissen, daß bisher jede Kultur nur solange existierte, wie sie über einen Minimalkonsens sittlicher Werte verfügte, und dieser Minimalkonsens schloß immer ein einheitliches Gottesbild ein. Daß selbst einige Theologen in dieser Oper keine Aspekte von Gotteslästerung entdecken, macht die Christen zwar traurig, aber es irritiert sie nicht. Denn wir sind es schon seit langer Zeit gewohnt, daß die großen Kirchen schweigen, wenn Gott öffentlich mißhandelt wird. Aber Paulus hatte ja schon gesagt, daß Geistliches nur von geistlich gesinnten Menschen gesehen und beurteilt werden kann."

Es scheint, als wage man ständig ein Stückchen mehr an Aushöhlung unserer Gesellschaft, an Gottentfremdung. Es greift um sich wie ein schleichendes Gift, nicht wie Blitz und Donner, denn dann könnten sich viele rechtzeitig zur Wehr setzen. Aber so hat man sich schon an so vieles gewöhnt, dann kommt es auf ein bißchen mehr oder weniger auch nicht mehr an.

Gerade berichtet eine Zeitung darüber, wie das Magazin der „Stern" in den letzten Jahren die Grenzen bis auf das Äußerste ausgereizt hat, immer in dem sicheren Bewußtsein, die feine Grenze des jeweils Zumutbaren zu beachten. So hat man ausgiebig über die menschlichen Geschlechtsmerkmale in Bild und Text berichtet, dann wagte man die Blasphemie. Hans Apel, der Verteidigungsminister der Bundesrepublik, wurde in einer Fotomontage am Kreuz hängend auf dem Titelbild gezeigt. Jesu Stigmata wurden verzerrt in Pfeile, die die angeblichen „Fehlleistungen" von Apel apostrophierten. Geschmacklos.

Aber müssen wir uns wundern, wenn fast zur selben Zeit der Kanzler unserer Nation zu einer Wa(h)lpurgisnacht nach Bonn einlädt? Die prominenten Gäste, mit einer Teufelskarte eingeladen, mußten durch eine „Höllenpforte" in den Park eintreten, um dann die Nacht als Hexensabbat mit dem „Mephisto-Walzer" und dem „Tanz auf Deibel komm raus" zu feiern. Endzeitlicher geht's kaum mehr. Das hatte sich die Benediktinerin Walpurga, Äbtissin des Klosters Heidenheim und Schutzheilige für Pest, Hunger, Husten und Tollwut, sicher nicht gewünscht, daß die Walpurgisnacht einst derart verfremdet würde.

Schade, daß die reichlichen Protestbriefe so wenig nützten und die Schreiber lediglich mit einem hektografierten Antwortbrief bedacht wurden.

DIE GESELLSCHAFTSFÄHIGE PORNOGRAFIE

Das sollst du aber wissen, daß in den letzten Tagen werden greuliche Zeiten kommen. Denn es werden die Menschen viel von sich halten, geldgierig sein, ruhmredig, hoffärtig, Lästerer, den Eltern ungehorsam, undankbar, gottlos, lieblos, unversöhnlich, Verleumder, zuchtlos, wild, ungütig, Verräter, Frevler, aufgeblasen, die die Lüste mehr lieben als Gott. (2. Timotheus 3, Verse 1 bis 4)

Hans-Ulrich Klose, Bürgermeister der Stadt Hamburg, fand Berichte über das schlechte Benehmen von 180 von ihm eingeladenen Redakteuren von Schülerzeitungen als entschieden „zu stark aufgebauscht".

„Hast du schon mal onaniert, Ulli?" so fragte einer der Schüler den Bürgermeister und ein anderer nannte ihn kurz: „Du Schwein." Nicht gerade sehr wohlerzogen.

Aber es kam noch schlimmer an diesem Februarnachmittag im vornehmen Kaisersaal des Hamburger Rathauses. Vier Mädchen und drei Jungen entkleideten sich splitternackt. Ein Mädchen von ungefähr 18 Jahren machte sich das Mikrofon des Hamburger Bürgermeisters zu eigen, um damit obszöne Handlungen anzudeuten. Eine andere, mit einem großen A für „Anarcho" auf ihrem Hinterteil nahm Platz auf Kloses Tisch.

Die deutschen Tages- und Wochenzeitungen sparten nicht mit Bildmaterial, um ihre Leser ausführlich zu informieren. Und warum so viel Geschmacklosigkeit, so viel Verwahrlosung? Nun, man wollte den Erwachsenen nur mal zeigen, was diese angeblich selbst seit einem Jahrzehnt praktizieren, nämlich die Vermischung von Politik und Porno.

So werden, ohne daß wir allzuviel Anstoß daran nehmen, Pornographie, Homosexualität, ja sogar Transvestitenshows mehr und mehr gesellschaftsfähig. Sollte Sigmund Freud also doch in diesem Punkt recht behalten, wenn er anprangert: Triebverzicht bewirkt Kultur, Verzicht auf Triebverzicht den Rückfall in die Primitivität? Dazu bemerkt die „Welt am Sonntag" in ihrer Ausgabe vom 1. März 1981: „Kulturgeschichtlich geht die Entblößung mit der Verblödung einher."

FAZIT

Wie oft mußte ich in den letzten Monaten daran denken, wie Hoffnungen von Menschen enttäuscht wurden. Wie viele meinten, daß Mao der neue Welterlöser sei. Und heute? Man hat ihn vom Sockel gestoßen, und zwar gründlich. Seine Frau, die seine Ideologie weitertragen sollte, ist zum Tode verurteilt worden.

Es gilt zu begreifen, unsere Hoffnung auf den einen zu setzen, der selbst die Hoffnung durch seine Auferstehung ist: auf Jesus Christus.

Kriege, Erdbeben und Hungersnöte, moralischer Zerfall der Gesellschaft, die Zeichen der Zeit stehen wahrlich auf Sturm. Die Authentizität der biblischen Voraussagen bestätigen sich bis ins Detail.

Wir müssen heute analysieren: „Das Schlimmste kommt noch!" Die vor uns liegenden Jahre sind gekennzeichnet durch das Auftreten falscher Propheten, durch Kriege, Rebellionen, Naturkatastrophen und Christenverfolgungen. Die Bühne wird vorbereitet für das Auftreten des Antichristus, der alle politische und wirtschaftliche Macht auf sich vereinigen wird, um die ganze Welt unter seine Kontrolle zu bringen.

Vor einigen Tagen hörte ich von einem Geheimtreffen, an dem sich neben Politikern der EG auch 12 OPEC-Staatsmänner beteiligten. Ich bin überzeugt, hier bahnt sich bereits ein Miteinander von Industriemacht (Europa) und Finanzmacht (OPEC) an, das der bevorstehenden Machtkonzentration den Weg bahnt.

Das weltweite Kriegsgeschehen mündet ein in die große Schlacht von Harmagedon und gipfelt in der Wiederkehr Jesu Christi, der alle Oppositionen zum Schweigen bringen wird. Dann wird das Furchtbare vorüber sein, und die besten Jahre, die diese Welt je gesehen hat, werden eingeläutet von Christus, dem Messias.

Nach dieser „Rundschau" in die politischen, wirtschaftlichen und moralischen Verhältnisse unserer Tage behandele ich in den nächsten Kapiteln die Machtkonzentrationen, die sich in den nächsten Jahren bilden werden. Es ist von entscheidender Bedeutung, daß wir dabei nie die strategische Lage Israels aus dem Blickfeld verlieren. Schließlich liegt Harmagedon in Israel. Der König des Nordens erfährt seine Niederlage schon vor der großen Endschlacht, jedoch rüsten der Antichristus und die Könige des Südens und Ostens für das „Finale" in der Ebene „Jesreel" (Harmagedon). Es ist daher wichtig, die geographischen Bezeichnungen immer von dem Standort Israel aus zu betrachten.

Der Feigenbaum treibt

Die Juden sind das beharrlichste Volk der Erde, sie sind, sie waren, sie werden sein, um den Namen Gottes zu verherrlichen.

Johann Wolfgang von Goethe

Und er sprach zu mir: Menschensohn, diese Gebeine sind das ganze Haus Israel. Siehe, sie sprechen, es ist aus mit uns! Darum weissage und sprich zu ihnen: So spricht Gott, der Herr: Siehe, ich will eure Gräber auftun und euch wieder in das Land Israel bringen.

Der Prophet Hesekiel

HESEKIELS VISION

Alles dreht sich um Israel. Alles dreht sich um Jerusalem. Kurz nach dem Zweiten Weltkrieg, bevor der Staat Israel gegründet wurde, war so eine Vorstellung völlig absurd. Die Juden lebten seit fast 2000 Jahren über die ganze Welt verstreut in der Diaspora. Bei der Suche nach einer neuen Heimat konnte letzlich nur das Territorium am Mittelmeer übrigbleiben. Dort befand sich das verheißene Land Kanaan aus biblischer, alttestamentlicher Zeit. Dort waren die Spuren der jüdischen Traditionen, dort hatten die Rabbiner gelebt und dort lag Jerusalem.

Die lange Leidensgeschichte Israels ist vorgezeichnet in dem Erleben des Propheten Hesekiel. Gott hatte die Juden wissen lassen: „Euch wird Hesekiel zu einem Zeichen sein; ihr werdet tun, wie er getan hat" (Hesekiel 24,24).

Der Prophet schloß sich in sein Zimmer ein, legte sich selbst Fesseln an, und er war für eine Zeit stumm. Dann befahl ihm Gott, 390 Tage auf seiner linken und weitere 40 Tage auf seiner rechten Seite zu liegen, um Israel die Anzahl der Jahre seiner Frevelhaftigkeit praktisch vor Augen zu führen (Hesekiel 3+4).

Nahrung und Wasser wurden ihm von Gott zugeteilt, er mußte widerlich schmeckendes, auf Kuhmist gebackenes Brot essen. Schließlich nahm ihm Gott noch seine Frau, gestattete ihm aber nicht, um sie zu trauern oder gar Totenklage zu halten.

Wir sind geneigt, dieses Handeln Gottes an Hesekiel als unwürdig und unmenschlich zu bezeichnen. Aber bis heute sind schon viele der prophetischen Symbol-Erlebnisse Hesekiels eingetroffen oder treffen noch ein. Der Prophet schildert sein Gespräch mit Gott folgendermaßen: „Menschensohn, können diese Gebeine wieder lebendig werden? Ich antwortete: O Herr, du weißt es!" Nun befiehlt ihm Gott, die Totengebeine anzusprechen: „Ihr verdorrten Gebeine, hört das Wort des Herrn!"

Hesekiel tat, wie ihm befohlen war und prophezeite den Totengebeinen, daß sie lebendig werden sollten und Gott ihnen wieder Sehnen, Fleisch, Haut und Odem geben werde. „So weissagte ich, wie er mir befohlen hatte. Da kam der Geist in sie, und sie wurden lebendig und stellten sich auf ihre Füße, ein sehr, sehr großes Heer."

Dann erfährt der Seher die Bedeutung der Vision: „Und er sprach zu mir: Menschensohn, diese Gebeine sind das ganze Haus Israel. Siehe, sie sprechen: Unsere Gebeine sind verdorrt, und unsere Hoffnung ist verloren; es ist aus mit uns! Darum weissage und sprich zu ihnen: So spricht Gott, der Herr: Siehe, ich will eure Gräber auftun und euch, mein Volk, aus euren Gräbern führen und euch wieder in das Land Israel bringen" (Hesekiel 37).

Die Vision macht uns klar, daß Gott eines Tages sein Volk wieder nach Israel versammeln wird. Darum ist das Jahr 1948 von so großer heilsgeschichtlicher Bedeutung. Gottes Volk kam nach zweitausend Jahren zurück. Dazu sagt uns das Neue Testament: „Und dieses Geschlecht wird nicht vergehen, das dieses alles sich ereignen sieht!" (Matthäus 24-34).

BEFREIUNG

Erlöse Israel, o Gott, aus allen seinen Bedrängnissen!
(Psalm 25,22)

Mit der Versklavung in Ägypten hatte die Geschichte des jüdischen Volkes begonnen. Aus einer Familie war eine Sippe von 70 Gliedern geworden und in den 400 Jahren der Unterdrückung schließlich ein Volk. Nach dem großen Auszug aus Ägypten um 1450 vor Christus unter der Führung Moses wurde den Juden von Gott ein Land verheißen, das sie unter Josua nur zum Teil eroberten. Es folgte eine Zeit des Friedens und der Freiheit, in dem eine intellektuell und wissenschaftlich geprägte Zivilisation in Israel entstand.

Den Höhepunkt dieser politisch erfolgreichen Periode bildete die Herrschaft Davids und Salomos, unter deren Führung Israel weltweite Bedeutung erlangte. Mit dem Bau des prächtigen Tempels in Jerusalem verwirklichte Salomo den Herzenswunsch seines Volkes.

Nun folgten die Eroberungen Nebukadnezars und die Herrschaft der Chaldäer. Die Israeliten mußten in die babylonische Gefangenschaft. Wie es Jesaja und Jeremia vorausgesagt hatten, wurden die Juden durch den Eroberer Babylons, Cyrus von Persien, aus der Gefangenschaft befreit. Erneut stellten sie ihre erstaunlichen Kräfte in den Dienst des Wiederaufbaus in ihrem Land. Bis zum Jahre 516 v.Chr. hatten sie den zweiten Tempel in Jerusalem errichtet und lebten nun 500 Jahre lang als hilfloses kleines Volk zwischen den Mächten Persien, Griechenland und Rom. Immer wieder kämpften sie gegen die Unterdrückung und Bevormundung an, jedoch mit großen Verlusten und ohne Erfolg. Um das Jahr 70 n.Chr. wurde Jerusalem von Titus zerstört, wie Jesus es vorausgesagt hatte und die Juden wurden aus ihrem Land vertrieben.

Es begann die weltweite Zerstreuung, die erst 1948 ihr Ende fand. Aus dieser langen Epoche ist nicht viel Gutes zu berichten. Seit der Zeit Jesu war das Schicksal dieses Volkes von Leid und Tränen geprägt.

Der Haß der ganzen Welt hatte sich gegen das Judentum gerichtet. Eigenartigerweise brachte es kaum ein Volk fertig, die besiegten Juden in Ruhe zu lassen. Die Zeit würde nicht reichen, von all den Ungerechtigkeiten zu berichten, die ihnen widerfuhren. Zur Zeit der Inquisition schlachtete man sie wie die Tiere, in russischen Pogromen wurden sie zusammengeknüppelt und in deutschen Konzentrationslagern schließlich vergast. Sogenannte „Endlösungen" der Juden hatten viele parat. Doch keiner sollte zum Ziel kommen.

Im Gegenteil: Die Totengebeine wurden wieder lebendig. Ein zerstreutes Volk ohne gemeinsame Kultur fand nach so vielen Jahrhunderten wieder zusammen.

Es beeindruckt mich immer wieder tief, daß alle biblischen Vorhersagen ihre Erfüllung fanden. So werden auch die noch ausstehenden Prophezeihungen ihre Erfüllung finden. All diese Vorgänge sind wegen ihrer ungeheuren Aktualität unglaublich spannend und aufregend, aber auch schrecklich und bedrohend.

AL KUDS ODER JERUSALEM

Vergesse ich dich, Jerusalem, so verdorre meine Rechte.
(Psalm 137,5)

Was wäre Israel ohne Jerusalem? Immer wieder haben sich die Dichter, Liedermacher und Psalmisten dieser Stadt angenommen: „Vergesse ich dich, Jerusalem, so verdorre meine Rechte. Meine Zunge soll an meinem Gaumen kleben, wenn ich deiner nicht gedenke, wenn ich nicht lasse Jerusalem meine höchste Freude sein" (Psalm 137,5-6).

Und in Jesaja 31,5 lesen wir: „Und der Herr Zabaoth wird Jerusalem beschirmen, wie die Vögel tun mit ihren Flügeln, er wird beschützen, erretten, schonen und befreien."

Wem nun gehört diese Stadt, die siebzehnmal zerstört, immer wieder zu neuem Leben erwachte und von allen großen Religionen für sich beansprucht wird? So auch von dem wiedererwachenden Islam, zu dem sich ungefähr 650 Millionen Menschen bekennen. Ich erinnere mich noch genau an den Tag, als ich im Felsendom die Hand durch das Gitter streckte, um den Felsen zu berühren, von dem aus Mohammed seine himmlische Reise angetreten haben soll und wo Abraham seinen Sohn Isaak opfern sollte. Das Felsstück duftete wohltuend, und mir wurde von arabischer Seite versichert, daß dies mit dem heiligen Geschehen um den Propheten Mohammed etwas zu tun habe. In Wahrheit wird der Stein jeden Morgen parfümiert.

Doch bevor Mohammed von diesem Felsen, der heute unter der riesenhaften, im Goldschein funkelnden Kuppel der Omar-Moschee verborgen ist, seine Reise in den Himmel antrat, versammelte er die Propheten in der Stadt Jerusalem um sich. Auch Jesus soll dabeigewesen sein. Mohammed allein erhielt den Auftrag aufzusteigen, um von Allah die „heiligen Worte" des Koran zu empfangen.

Heute ist Al Kuds, die Heilige, wie die Muslime die Stadt nennen, für viele islamische Gläubige wichtiger als die Kaaba in Mekka. Daher ist verständlich, was es für den Islam bedeutet haben muß, als Israel im Junikrieg 1967 Jerusalem und den Tempelplatz eroberte. Der islamische Besitzerstolz mag sich nicht damit zufrieden geben, daß die gläubigen Anhänger des Islam freien Zutritt zu ihren heiligen Stätten haben. Sie wollen sie mit aller Gewalt zurückerobern.

ES GIBT KEIN ARABISCHES JERUSALEM

Die Heiden haben deinen heiligen Tempel entweiht und aus Jerusalem Steinhaufen gemacht.

(Psalm 79,1)

Immer wieder wird von dem arabischen Ostjerusalem gesprochen. Besonders, seit die Knesset, das israelische Parlament, das ganze Jerusalem zur unteilbaren Hauptstadt Israels erklärt hat. Rudolf Pfisterer schreibt dazu in „idea": „Wenn mit dem Wort ‚arabisch' die Bevölkerung der Jerusalemer Altstadt gemeint ist, so kann von einer Mehrheit der Araber nicht die Rede sein. Schon im Jahre 1882, also längst bevor es die zionistische Bewegung gab (der erste Zionistenkongreß fand erst 1897 statt), und als die Ansiedlung außerhalb der Altstadt erst in den Anfängen steckte, stellten die damals dort ansässigen 26.000 Juden bereits über 57 Prozent der 44.000 Stadtbewohner."

Andere meinen, Ostjerusalem gehöre eigentlich zu

Jordanien. Auch das stimmt nicht: „Im Verlauf des Unabhängigkeitskrieges von 1948 marschierten jordanische Truppen mit Hilfe der britisch geführten arabischen Legion in die Altstadt Jerusalems ein."

Diese Besetzung sowie auch die der „Westbank" wurden von keinem einzigen arabischen Staat völkerrechtlich anerkannt. Nur Großbritannien und Pakistan vollzogen diesen Schritt. Die heute gültige Ansicht, daß eine militärische Eroberung kein Recht setzt, kehrt sich gegen Jordanien.

Übrigens könnte König Hussein noch heute im Besitz der Altstadt Jerusalems und der „Westbank" sein, hätte er im Sechstagekrieg 1967 auf das israelische Stillhalteabkommen reagiert. Erst nachdem Israel eine zweistündige Beschießung der Neustadt über sich hatte ergehen lassen, und als es klar war, daß dieser Schritt kein eigenmächtiges Vorgehen irgendwelcher Offiziere war, holte Israel zum Gegenschlag aus und zog Jerusalem ein.

YERUSHALAJIM

Wünschet Jerusalem Glück! Es möge wohl gehen denen, die dich lieben! Es möge Friede sein in deinen Mauern und Glück in deinen Palästen!

(Psalm 122,6-7)

Die Juden hatten nun ihre Klagemauer, das letzte erhaltene Stück des Tempels zurück. Unglaubliche Szenen der Freude spielten sich im Juni 1967 an dieser Mauer ab, die so lange in fremdem Besitz war. Im Streit um Jerusalem geht es besonders um den Tempelplatz der Juden, auf dem heute der islamische Felsendom und die Al-Aksa-Moschee stehen. Diesen Platz kaufte König David vor ungefähr 3000 Jahren von dem Jebusiter Ornan (1. Chronik 21,15). Wenige Jahre vorher hatte er die stark befestigte Stadt Jebus (Jerusalem) erobert. (Ein Teil der Stadtmauer von Jebus ist erst vor einigen Jahren entdeckt und ausgegraben worden.) David wollte auf der „Tenne Ornans" ein Gotteshaus, einen Tempel, bauen. Doch erst sein Sohn – König Salomo – sollte den Tempel errichten. Der Tempel Salomos wurde im Jahre 586 v.Chr. von dem babylonischen König Nebukadnezar zerstört. Die Juden kamen in die Gefangenschaft nach Babylon. Sechzig Jahre später regierte der Perserkönig Cyrus über das einstige Weltreich Babylon. Cyrus erlaubte einer kleinen Schar Juden, nach Jerusalem zurückzukehren und den Tempel wieder aufzubauen, der aber an Schönheit und Größe dem salomonischen Gotteshaus nicht gleichkam.

Erst König Herodes der Große, der noch zur Geburt Jesu Christi lebte, errichtete auf dem Tempelplatz ein Gotteshaus, das ein Kunstwerk gewesen sein muß. Der jüdische Geschichtsschreiber Flavius Josephus (34 – 100 n.Chr.) schreibt darüber in seinem Buch „De bello Judaico" (Der jüdische Krieg): „... Das Äußere des Tempels wies alles auf, was Herz und Augen staunen läßt. Denn über und über war der Tempel mit dicken Goldplatten umhüllt. Wenn die Sonne aufging, dann gab er einen Glanz wie Feuer von sich, so daß der Beschauer – auch wenn er absichtlich hinsah – sein Auge wie vor den Strahlen der Sonne abwandte. Die Fremden, die sich Jerusalem näherten, hatten den Eindruck eines Schneegipfels, denn wo der Tempel des Goldes entbehrte, da war er leuchtend weiß (Marmor). Ganz oben auf dem Dach waren zugespitzte Stangen angebracht, damit sich dort kein Vogel einnisten und das Dach verunreinigen konnte.

Das Tor, welches in den Raum führte, war über und über mit Gold bezogen, ebenso auch die Wand, in die es sich einfügte. Darüber waren goldene Weinstöcke angebracht, von denen mannshohe Trauben herunterhingen.

Vor dem Tempelgebäude befand sich der Altar (Brandopferaltar). Er war 15 Ellen (1 Elle = etwa 30 cm) hoch und je 50 Ellen breit und lang. Es war ein quadratisches Gebilde, dessen Ecken wie Hörner aufwärtsgerichtet waren. Der Tempelplatz war mit Säulenhallen umgeben. Alle Säulenhallen wiesen doppelte Säulenreihen auf. Das Dach lag auf den 25 Ellen hohen Manolithen (Säulen) aus glänzend weißem Marmor. Den Abschluß bildeten Decken aus Zedernholz ..."

Dieser herrliche Tempel wurde aber schon im Jahre 70 n.Chr. nach einem jüdischen Aufstand von dem römischen Heerführer Titus zerstört. Titus ließ den ganzen Tempelplatz einebnen und darauf einen heidnischen Tempel errichten.

Jesus hatte diese Katastrophe vorausgesagt (Matthäus 24,1-2). Die Juden zerstreuten sich in alle Länder der Erde, aber ihr Glaube an den einen Gott gab ihnen die Kraft, ein Volk zu bleiben – ein Volk, aus dem viele im vergangenen und in diesem Jahrhundert in ihr Land – Israel – zurückkehrten. So wie es der Prophet Hesekiel im Auftrag Gottes vorausgesagt hatte (Hesekiel 36,14-15).

Es ist unzweifelhaft: Gott macht wieder Geschichte mit seinem Volk Israel. Und dieses Mal wird wohl das letzte Kapitel geschrieben. Wenn wir offene Augen und Ohren haben, um den gewaltigen Heilsplan Gottes zu verstehen, können wir erkennen, daß wir in der aufregendsten Zeit der Weltgeschichte leben.

Jerusalem gehört völkerrechtlich eigentlich niemandem. Nach dem Ende der Türkenherrschaft über Palästina 1918 gehörte die Heilige Stadt zu dem britischen Mandatsgebiet. 1947 sah dann der Teilungsbeschluß der Vereinten Nationen eine Internationalisierung ganz Jerusalems vor. Dagegen verstieß Jordanien 1948, als es einen Stacheldraht zog. Von 1948 bis 1967 verweigerte Jordanien den Juden das Recht, an ihrer heiligsten Stätte, der Klagemauer, zu beten. Ein großer jüdischer Friedhof wurde entweiht, das jüdische Viertel zerstört. 1967 eroberten die Israelis den Ostteil Jerusalems und schworen, niemals wieder die Kontrolle darüber aufzugeben. Dabei ist es bis jetzt geblieben.

Es ist meine feste Überzeugung, daß bis kurz vor der Wiederkunft Jesu Christi die Stadt Jerusalem im Besitz der Israelis bleiben wird. Meines Erachtens weisen folgende Bibelstellen darauf hin: „So spricht der Herr: Ich kehre mich wieder zu Zion und will zu Jerusalem wohnen, daß Jerusalem soll eine Stadt der Wahrheit heißen ..." (Sacharja 8,3), und Amos 9,15: „Denn ich will sie in ihr Land pflanzen, daß sie nicht mehr aus ihrem Land ausgerottet werden, das ich ihnen gegeben habe, spricht der Herr, dein Gott."

Eigentlich sprechen alle Umstände dagegen, aber Gottes Wort bleibt im Recht. Zwar wird kurz vor dem Ende die Stadt noch einmal für eine kurze Weile eingenommen, die Häuser geplündert, die Frauen geschändet und die Hälfte der Stadt in die Gefangenschaft ziehen. Aber schon im nächsten Vers bei Sacharja, Kapitel 14, lesen wir von der Wiederkunft Jesu Christi auf dem Ölberg.

DIE GRENZE IM NORDEN

Von der Wüste an und diesem Libanon bis an das große Wasser Euphrat – das ganze Land der Hethiter – bis an das große Meer gegen Abend sollen eure Grenzen sein.

(Josua 1,4)

„Die Tore der Hölle öffnen sich", so und ähnlich lauten die Kommentare, seit sich der Konflikt im Libanon im Frühsommer 1981 so dramatisch zuspitzte. Der Bürgerkrieg zwischen den 1,2 Millionen Christen und den 1 Million Muslimen eskaliert. Die Syrer bombardieren brutal die 200.000 griechisch-orthodoxen Christen der Stadt Zahle, denn sie träumen wieder von einem „Großreich Syrien". Die Syrer rückten mit 7.000 Soldaten und zwei Panzerbrigaden bis an die „rote Linie" am Saharanifluß vor, jener Abkommenslinie zwischen Israel und Syrien und installierten gegen Israel gerichtete russische SAM-Raketen. Dabei blieb Israel nicht untätig und zerstörte mehrere Terrorbasen und schoß syrische MIG-25 und Kampfhubschrauber ab.

Die Zündschnur brennt – wie lang sie ist, wissen wir nicht –, und sie kann die ganze Welt in Flammen setzen. Schließlich ist Syrien Moskaus engster Verbündeter in Nahost – über 4.000 militärische Berater aus der UdSSR und 500 aus der DDR sind schon in Syrien.

Ich vermute, daß die Schlagzeilen um den Libanon noch nicht zu Ende sind. Warum? Weil die Grenzfrage im Norden Israels nach biblischer Prophetie noch nicht gelöst ist. Beim Propheten Hesekiel ist im 47. Kapitel ab Vers 15 bis Vers 20 nachzulesen, wie die Grenzen Israels verlaufen werden.

Norden = von Tyrus am Mittelmeer bis nördlich von Damaskus

Osten = Jordan und das Tote Meer

Süden = Wadi-el Arish

Westen = Mittelmeer

Das heißt, Israel wird sich auch noch des südlichen Teiles des Libanon bis hin zum Fluß Ligani bemächtigen. Heute ist dieser Bereich die Pufferzone zwischen Israel und den syrischen Truppen und wird hauptsächlich von dem israeltreuen Major Haddad, dem Führer der südlibanesischen Christen, kontrolliert.

In der Fußnote der Ryrie Study Bible (Moody Press, Chicago) zu Hesekiel 47 steht, daß die dort genannten Grenzen wohl den Siedlungsbereich des Staates Israel darstellen, und die Grenzen, die Jehova dem Abraham in 1. Mose 15,18 zusagte und die wir auch in Josua 1,4 finden, sind auf ein Herrschaftsgebiet zu beziehen, das Israel bei der Wiederkunft des Messias kontrolliert, nämlich vom großen Fluß Euphrat im Norden bis an das „große Meer gegen Sonnenuntergang".

DIE FEINDE FORMIEREN SICH – ALLEN VORAN DIE PLO

Friede bedeutet für uns die Zerstörung Israels.

Yassir Arafat

Es wird keinen Frieden in Nahost geben, bis nicht das Krebsgeschwür des jüdischen Staates vollständig beseitigt ist.

George Habasch

Die meisten Kenner des politischen Zeitgeschehens sind sich über die Bedeutung der Region des Nahen Ostens klar. Viele wissen um den Zankapfel Jerusalem. Der Dritte Weltkrieg wird sich in Harmagedon abspielen, einer Ebene in Israel. Wir beobachten, wie sich die Feinde Israels zusammenschließen, und wir werden in den nächsten Kapiteln lesen, wo überall diese Feinde zu finden sind. Auch hier macht die Bibel klare Angaben: Zum Kampf rüsten sich:
– alle Völker rings um Jerusalem (Sacharja 12,2)
– alle Nationen der Erde (Sacharja 12,3; Joel 4,16)
– eine große Schar aus dem äußersten Norden (Hesekiel 38,4).

Machen Sie sich auf einige Überraschungen gefaßt, wenn wir alle die in Reih und Glied aufgestellt finden, die Israel Schaden zufügen wollen, sei es in verbaler oder handgreiflicher Form.

Die Staatsmänner sehen die Terrororganisation PLO als Partner für den Friedensprozeß im Nahen Osten. „Unsere Verurteilung der PLO als Mörderbande macht auf niemand mehr Eindruck", sagte dazu Israels Ministerpräsident Menachem Begin.

Solange sich Arafat mit seiner PLO zum Ziel gesetzt hat, Israel als Staat zu vernichten, und solange Europa auf dem besten Wege ist, diese PLO anzuerkennen, ist es einfach unvorstellbar, Verhandlungen über den Frieden im Nahen Osten zu führen.

Vor einigen Jahren schieden sich an Israel in der Weltpolitik noch die Geister; heute ist Israel fast auf sich allein gestellt. Kaum eine Nation erkennt noch die Existenzberechtigung dieses jungen Staates mit Jerusalem als seiner Hauptstadt an. Der Weltsicherheitsrat stellt sich eindeutig gegen Israel, die USA enthalten sich der Stimme. In Venedig ergreifen europäische Staatsmänner Partei für die Sache der Palästinenser.

Eine Menge Freunde schart sich um Yassir Arafat. Die mächtigen Freunde aus den Araber-Staaten, ausgestattet mit vielen, vielen Petro-Dollars, stehen Seite an Seite mit Bruno Kreisky, dem österreichischen Bundeskanzler, oder mit Willy Brandt in seiner Eigenschaft als Vorsitzender der Sozialistischen Internationale. Sie alle hofieren den Palästinenserführer, der mittlerweile gern, vor allem westlichen Politikern, seine Aufwartung macht. Er hat erkannt, wie wichtig es ist, international anerkannt zu sein. Dabei kann es sein, daß die vielen Freunde auf die falsche Karte setzen. In der palästinensischen Befreiungsorganisation läßt sich in der letzten Zeit ein Machtzuwachs des prosowjetischen Fatah-Führers Abu Ijad feststellen, der mit einem Machtverlust Arafats Hand in Hand geht. Das verschafft der Sowjetunion einen noch größeren Einfluß auf die PLO. Der neue „starke Mann" ist ein Todfeind der Monarchie in Jordanien und ein Freund des Iran. Das läßt darauf schließen, daß die Anrainerstaaten Israels in den kommenden Jahren noch kräftigen Unruhen ausgesetzt sein werden.

Vorerst jedenfalls wird der Terroristengruppe das Geld noch nicht knapp werden. Nicht das Geld, nicht die Waffen, nicht das gute Training der Soldaten. Denn Hilfe kommt aus vielen Ländern, sogar aus China. Anläßlich des Besuches des Militärkommandeurs der PLO, Khalil al-Wazir, in Peking versprach China, sofort 30.000 PLO-Terroristen auszubilden und mit modernen Waffen auszurüsten. Aber das ist noch nicht alles. Auch Indira Gandhi sicherte der PLO die Unterstützung Indiens im Kampf gegen Israel zu.

DSCHIHAD – DER HEILIGE KRIEG

Die Vereinten Nationen hatten ein Ultimatum gesetzt. Bis zum 15. November 1980 sollten die Israelis aus allen seit 1967 besetzten Gebieten – einschließlich Ost-Jerusalem – ihren Rückzug antreten. Der Judenstaat hat darauf mit einem Gesetz geantwortet: Jerusalem ist eine jüdische Stadt und unteilbar. Die Islam-Staaten antworteten mit Dschihad, ein Wort, das ihnen zwar schon vorher geläufig war, aber nun eine geradezu völkerrechtliche Dimension annahm.

Die arabischen Außenminister waren sich bei ihrer Konferenz in der marokkanischen Stadt Fes einig, daß man Israel den Heiligen Krieg erklären müsse. Der Koran verlangt von den Gläubigen diesen Krieg: „Bekämpft die Ungläubigen, bis es keine Verfolgung der Muslime mehr gibt." Nach einer Auslegung des Korans ist es die Pflicht der islamischen Staaten, nicht nur die im Juni-Krieg von 1967 verlorenen Gebiete Israel wieder zu entreißen, sondern das gesamte israelische Staatsgebiet zu erobern.

War man bisher nicht sonderlich erstaunt, daß die Herren Khomeini oder Gaddafi den Dschihad predigten, so merkte man nun doch auf, als sich selbst so zurückhaltende Staaten wie Saudi-Arabien dieser Terminologie anschlossen. Würde Ägyptens ehemaliger Präsident Nasser noch leben, hätte er seine wahre Freude. Sein Wunschtraum, die Juden in das Meer zu jagen, würde mit dieser gewaltigen Unterstützung ja fast in den Bereich des Möglichen geraten.

Dabei ist es noch gar nicht so lange her, daß während der Glanzzeit europäischer Kolonialherrschaft die meisten Muslime von westlichen, nichtislamischen Mächten regiert wurden. Während dieser längst vergangenen Epoche hatte man sich im Westen an die Dschihad-Drohungen islamischer Fürsten gewöhnt, sie aber mit einem Lächeln abgetan. Aber die Situation hat sich geändert.

Allen Nichtmuslimen bleibt künftig nur die Wahl, entweder den islamischen Glauben zu akzeptieren oder sich den „Heiligen Krieg" gefallen zu lassen. Alles andere verstößt gegen die Gesetze Allahs.

Nassers erhobene Faust war noch ein Schlag ins eigene Gesicht. Aber was werden die kommenden Jahre bringen? Sadat brachte Ägypten durch den Friedensvertrag mit Israel aus der Schußlinie. Die anderen Staaten wie Iran und Irak scheinen sich selbst zu zerfleischen. Die Uneinigkeit ist kaum mehr zu überbieten. Libyen verbündet sich mit Syrien. Jordanien stellt sich auf die Seite von Saddam Hussein im Irak. Algerien liebäugelt mit dem Iran. Von Zusammenarbeit keine Spur. Oder doch? Wenn es um den Heiligen Krieg gegen die Juden geht, demonstriert man eine ungewohnte Einigkeit. Jedenfalls wurden die islamischen Glaubensgenossen in Afghanistan nach dem Übergriff der Sowjetunion nur spärlich ermutigt oder unterstützt; dagegen schlägt man gegen Israel immer schärfere Töne an. Die Waffe, mit der der Dschihad entschieden werden soll, ist auch bekannt: das Öl. Damit meint man, ein Erpressungsmittel par excellence in der Hand zu haben. Und tatsächlich ist der zivilisierte Westen ja weitgehend von dem arabischen „schwarzen Gold" abhängig.

Wenn man dann allerdings mit diesem wertvollen Rohstoff so fahrlässig umgeht, wie es der Konflikt zwischen dem Iran und dem Irak zeigt, dann werden die ohnehin in wenigen Jahren versiegenden Rohstoffquellen bald nicht mehr als Erpressungsmittel funktionieren. Die zerstörten Pipelines in Abadan und Khorramschar werden noch jahrelang unbrauchbar sein. Der Irak mußte Ende des Jahres 1980 bereits Erdöl importieren. Dabei war dieses Land einmal einer der großen Erdölexporteure der Welt gewesen.

Ich bin überzeugt, wir werden in den nächsten Jahren einen Dschihad erleben. Bei dem Propheten Sacharja im zwölften Kapitel werden die Völker rings um Jerusalem als Feinde Israels bezeichnet. An anderer Stelle in der Heiligen Schrift hören wir von dem König des Südens. In den arabischen Staaten finden wir ihn wieder, noch vor Jahren unansehnlich, nun aber durch den plötzlichen Reichtum zu großer Würde und Macht gelangt. Was um alles in der Welt vereint die OPEC-Staaten gegen das Judenvolk, wenn nicht ein religiöser Eifer, der sicher nicht aus göttlichen Quellen gespeist wird. Fanatismus und Fatalismus reichen sich die Hand gegen die Juden und übrigens auch gegen die Christen. So will es der Koran. Und auf dieses Buch ist der islamische Glaube gegründet. Jerusalem ist so wichtig, weil dort angeblich der Prophet Mohammed gen Himmel ritt, und der Felsendom und die Al Aksa Moschee als heilige Stätten verehrt werden. Die Juden gewähren freien Zutritt zu den islamischen Stätten. Aber das reicht nicht, man möchte diese Stadt ganz. Darum tönt der Ruf sehr laut: Dschihad! Wir werden uns daran gewöhnen müssen.

FATALE BÜNDNISSE

Jesus spricht: Ich bin der Weg, die Wahrheit und das Leben. Niemand kommt zum Vater denn durch mich.

(Johannes 14,6)

Es sei eine schwere Beleidigung Allahs, wenn man ihm einen Sohn hinzugesellt. In der fünften Sure wird den Christen die ewige Verdammnis versprochen: „Wer Allah irgendein Wesen zugesellt, den schließt Allah vom Paradies aus, und seine Wohnung wird das Höllenfeuer sein. Auch das sind Gottlose, welche sagen: Allah ist einer von dreien."

Diese Koran-Weisheit ist die tiefe Überzeugung des Obersten Gaddafi. Darauf gründet sich sein Plan zur Islamisierung der ganzen Welt. Er ist tief ergriffen von dem Wunschbild einer muselmanischen Welt, in der die Gerechtigkeit wohnt, die er meint und die er in seinen vielen

Appellen immer neu beschwört. In diese Vorstellung paßt kein Christentum, kein Judentum, keine andere Religion. So darf man Jesus Christus als Propheten in die Reihe der anderen Seher stellen, die jedoch alle in die für den Islam verbindlichen Aussagen Mohammeds einmünden. Mohammed war für sie der letzte Prophet. Jesus ist jedoch als Gottes Sohn für die Muslime unvorstellbar und wird schlicht ignoriert. Genauso halten Gaddafi und seine Freunde die jüdische Religion für einen Irrglauben. Es muß also alles versucht werden, Israel auszurotten. Darum haben sich die Staaten Libyen und Syrien 1980 zu einer revolutionären Führung zusammengeschlossen. Sie bilden eine gemeinsame Exekutive.

Schon wenige Wochen nach dem Vorschlag Gaddafis wurde der Zusammenschluß rechtskräftig, um die arabische Kampfkraft gegen Israel zu stärken. Gaddafi will auch den Irak bewegen, sich dem neuen Staat anzuschließen. Der syrische Außenminister reiste Ende des Jahres 1980 nach Saudi-Arabien, um die Regierung in Riad über die Konsequenzen der Staatenvereinigung zu unterrichten. Anschließend besuchte er Kuwait, Katar und den Jemen.

Nicht nur von den Feinden Israels rings um Jerusalem, sondern auch von den Nationen und von einer großen Schar aus dem äußersten Norden berichtet die Bibel. Diese große Schar ist eindeutig als die Sowjetunion zu identifizieren. Die Gegner verbünden sich immer mehr. Denn in der überstürzten Vereinigung Libyens und Syriens werden auch die Interessen der Sowjets gewahrt. Bei ihrer Begegnung in Tripolis erhoben der libysche Staatschef und sein syrischer Kollege die Forderung, die erst kürzlich geschaffenen Militärstützpunkte der Vereinigten Staaten im Nahen Osten wieder aufzulösen und den mit Amerika befreundeten „Verräter Sadat" zu bestrafen. Syriens Präsident Assad packte gleich seine Koffer, um das Bündnis mit Gaddafi in einen Freundschaftspakt mit den Sowjets einmünden zu lassen. In diesem

Pakt gibt es eine Geheimklausel, in der Moskau zusagt, Syrien durch Atomwaffen zu Hilfe zu eilen, wenn Israel in einem Krieg Atomwaffen einsetzt.

Wie kurzlebig die Politik im Nahen Osten allerdings ist, sieht man an der Art, wie schnell die Freunde gewechselt werden. Vor noch nicht allzu langer Zeit hofierte die libysche Regierung den jetzigen Gegner Sadat, um auch mit ihm ein Staatenbündnis gegen Israel einzugehen.

IRAK-IRAN-KRIEG UND ISRAEL

So sieht die Welt im Nahen Osten im Jahre 1981 aus: Erdölraffinerien am Schatt-el Arab stehen in Flammen, die Meerenge von Hormuz mit einer Fahrrinne von nur drei Kilometern Breite ist zum Kriegsgebiet erklärt worden, obwohl durch sie immerhin 40 Prozent des Welterdöls transportiert werden. Iran und Irak, die zu den größten Erdöllieferanten gehörten, haben sich gegenseitig den Garaus geschworen. Der israelische Außenminister Schamir wies vor der UN-Vollversammlung darauf hin, daß die Welt, die ihr Öl retten wolle, bald mit ansehen müsse, wie die Araber selbst ihre Ölfelder zerstören werden. Die Großmächte sind ratlos.

Der Irak nennt Khomeini einen „Hanswurst und vom Wahnsinn befallenen Idioten", während Khomeini über Funk allen iranischen Kämpfern, die im Krieg fallen, das ewige Paradies verspricht. Die beiden Heere stehen sich mit Kriegsmaterial aus den USA und der UdSSR, wie zum Beispiel Chieftains und T-54, T-72 Panzern, Phantom und Sukhoi-20 Bombern und bis nach Israel reichenden Boden-Raketen, bis an die Zähne bewaffnet gegenüber. Der ganze Nahe Osten ist schon an diesem Krieg beteiligt. Saudi-Arabien liefert Geld und Stützpunkte an den Irak; Jordanien sandte seine Elitetruppe und öffnete seinen Hafen Akaba – gegenüber Eilath – für von den Sowjets an den Irak gelieferte Waffen. Israel kann täglich zusehen, wie immer wieder Waffentransportschiffe aus

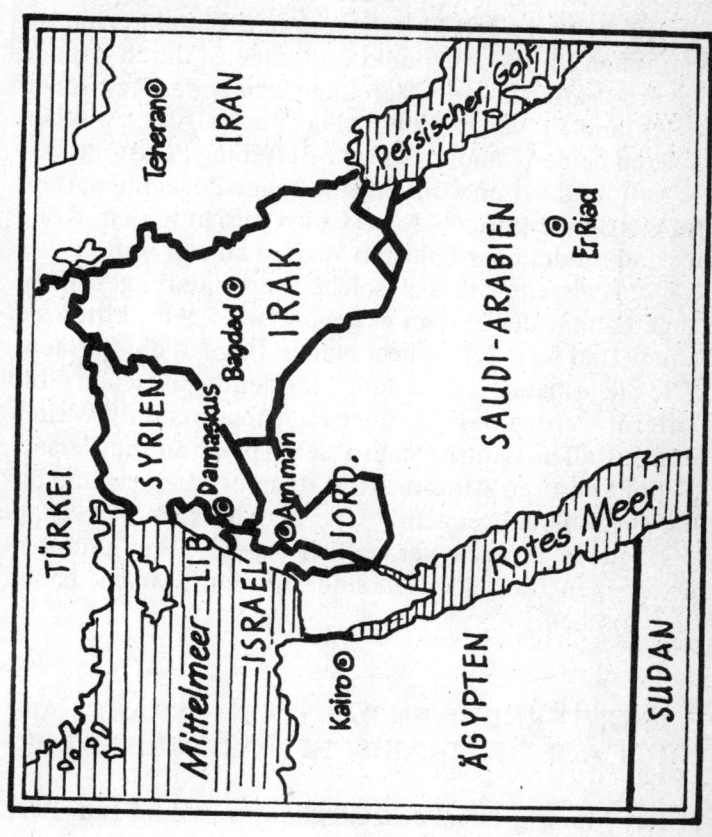

der Sowjetunion und den Ostblockstaaten gelöscht werden. Auch Kuwait stellte dem russischen Waffennachschub zwei Hafenbecken zur Verfügung, und Marokko sendet Freiwillige nach Bagdad. Syrien, nun im Bund mit Libyen, erklärte den Mittelmeerhafen Lattakie zum sowjetischen Militärstützpunkt und schleust durch ihn den Irakern Waffen zu. Im „Vereinigungsmanifest" zwischen Syrien und Libyen heißt es: „Die Vereinigung zwischen unseren beiden Ländern soll zur Befreiung Palästinas beitragen", und Syrien wünscht eine „enge Zusammenarbeit mit der Sowjetunion". Auch China mischt in dem Krieg mit und sendet über Pakistan Waffen an den Iran.

Wohl wissen wir, daß solche Verbrüderungen nicht lange halten, doch wenn es gegen Israel geht, kitten sie schnell und fest. Schon liest man in Bagdad die Parolen: „Die Siegesbanner, die heute über dem Arabischen Golf flattern, werden morgen über Palästina wehen!" Weiter tönt aus allen Lautsprechern der Appell an die Perser: „Schont unseren Atomreaktor, denn er ist einzig und allein gegen Israel gedacht!" Und man hört die Menschen in Bagdads Straßen verächtlich sagen: „Wir kämpfen nicht gegen Iran, sondern sind auf dem Marsch, Israel auszulöschen."

DAS UNTERNEHMEN BABYLON – ISRAELS ANGRIFF AUF DEN IRAKISCHEN ATOMREAKTOR

Dieser Marsch, Israel auszulöschen, wurde im Juni 1981 drastisch aufgehalten. Ludwig Schneider gibt in seinem Presseblatt „Nachrichten aus Israel" einen detaillierten Bericht von dem Kommandounternehmen Israels mit der Absicht, den irakischen Kernreaktor zu zerstören. Er schreibt:

„‚Das iranische Volk braucht den irakischen Kernreaktor nicht zu fürchten, er wird niemals gegen den Iran eingesetzt, sondern nur gegen den zionistischen Feind', so steht's auf der Titelseite des Bagdader Regierungsblattes ‚El-Thaura' (Okt. 80). Śaddam Hussein, der irakische Diktator, in der arabischen Welt auch ‚Schlächter von Bagdad' genannt, versucht im islamischen Gerangel Leitfigur zu werden. Mittels seiner 4 Atombomben vom Hiroshima-Typ wollte er Israel vernichten, um dann unter ‚seinen Brüdern' der Supermann zu sein. Wäre schön, wenn dies alles nur Begin'sche Phantasie wäre, es ist jedoch leider wahr, Husseins Reden und Bautätigkeit bestätigen es.

In Tuwaitha, 17 km von Bagdad entfernt, wurde fieberhaft in den beiden Kernkraftwerken ‚Isis' (Tammus I) und ‚Osiris' (Tammus II mit 40 Megawatt) gearbeitet. Italiener u.a. lieferten die Bauelemente und die Franzosen bauten sie zusammen. Ab Juli, spätestens September, wäre der Reaktor ‚heiß', d.h. ab dann wäre seine Zerstörung nicht mehr möglich gewesen, ohne daß durch den Ausfluß der radioaktiven Strahlen Bagdads Bevölkerung vernichtet worden wäre. Daher hieß es für Israel: Jetzt oder nie!

Nach 53 Minuten Flugdauer gingen am 7.6. die F-15 und F-16 zum Angriff über und warfen innerhalb von 2 Minuten 900 Kilo-Bomben über den Reaktor ab. Ein Franzose, der diesen Einsatz sah, fand nicht Worte genug, die Präzision der israelischen Luftwaffe zu rühmen. 53 Minuten später landeten diese Kampfflugzeuge unversehrt wieder in Israel.

Die Welt reagierte schockiert: ‚Israel ist verrückt geworden – Begin liegt im Wahlfieber'. Auf der einen Seite wälzt sich die westliche Welt in panikartiger Angst vor radioaktiver Verseuchung – Demonstrationen allerorts – und auf der anderen Seite verdammt sie Israel, weil es sich rechtzeitig vor dem Atomtod schützt.

Vor 40 Jahren sagte man, die Juden-Vernichtsungsabsichten Hitlers seien nicht bewiesen. Den Beweis abzuwarten, kostete 6 Millionen Menschen das Leben. Andere sagen, im Irak handelte es sich nur um ein ‚friedliches'

Kernkraftwerk. Solche Argumente erinnern uns an die 1942-er Verlautbarungen der Alliierten, die von ‚friedlichen' KZ-Arbeitslagern sprachen. Hätten doch nur Deutschlands Nachbarn die ‚Holocaust-Gerüchte' ernstgenommen, aber nein, sie warteten ja erst auf ‚Beweise' – die Leichenberge.

Generalinspektor Grümm von der Internationalen Atomenergie-Agentur bezweifelt, daß der Irak Atombomben herstellen wollte, denn der ‚Irak unterschrieb 1970 den Vertrag über die Nichtverbreitung von Atomwaffen'. Hat denn der oberste Generalinspektor aus den Verlautbarungen Husseins keinen Verdacht geschöpft? Ferner: Generalinspektor Grümm müßte wissen, daß der Irak hochangereichertes Uran 235 bekam – wofür? Generalinspektor Grümm müßte ebenfalls wissen, daß der Irak Brenn- und Blindstäbe besaß, die er jederzeit austauschen konnte. Als der Welt-Atomsicherheits-Garant speziell daraufhin angesprochen wurde, meinte er: ‚Darüber bin ich nicht informiert' – dafür war es Israel! Gewiß, die Sympathie für Israel ist erneut gesunken, doch ‚gesunken' leben ist besser, als auf Atomasche mit allen Ehren ein Denkmal zu setzen."

FRAUEN GEGEN ISRAEL

Zur selben Zeit will ich Jerusalem machen zum Laststein allen Völkern. Alle, die ihn wegheben wollen, sollen sich daran zerschneiden, denn es werden sich alle Heiden auf Erden wider sie versammeln.

(Sacharja 12,3)

Der Fernsehreporter war empört. Was in aller Welt haben die Frauen mit Israel zu tun? Warum gebärden sie sich geradezu hysterisch in ihrer Ablehnung der Politik des jüdischen Staates? Alles paßt zu dem Bild der Feinde aus allen Nationen. Die Weltfrauenkonferenz hat in Kopenhagen völlig ihren eigentlichen Auftrag außer acht

gelassen, um einer blinden Verdammung Israels zuzustimmen. In einer an Chaos grenzenden Schlußdebatte
stimmten die meisten Abgeordneten dafür, den Zionismus als Rassismus zu diffamieren.

Die PLO konnte sich als Sieger dieser dreiwöchigen
Mammutveranstaltung sehen, hatte sie doch alle ihre Anliegen durchgesetzt. So werden zum Beispiel die Mittel
aus dem UN-Frauenfonds für die Palästinenserinnen
künftig nur noch mit Zustimmung der „Palästinensischen
Befreiungsorganisation" verteilt. Das alles geschieht mit
der wohlwollenden Zustimmung der hinsichtlich Israels
sicher nicht so hilfreichen Großorganisation UN.

Einmal mehr wurde die israelische Seite Zeuge einer
vollständigen Verneigung der westlichen Nationen vor
den Arabern, und das nur wegen ihrer Erdölinteressen.
Wird man den einzigen wahren Verbündeten des Westens im Nahen Osten völlig im Stich lassen und ihn den
eigenen Wohlstandsgelüsten opfern? Der Kommentator
jedenfalls, der mir aus früheren Reportagen nicht unbe-
dingt als Israelfreund bekannt war, war sichtlich irritiert
über die Würdelosigkeit der Anklage dieser Weltfrauenkonferenz.

Es vergeht kaum ein Tag, an dem wir nicht irgendeine
Resolution oder Aktion gegen Israel zur Kenntnis zu nehmen haben. Heute die Frauen, morgen die Blockfreien,
übermorgen einmal mehr die Araber, danach die ehemaligen Freunde aus Europa. Übrigens hatte sich bei dieser
Konferenz Indien mit besonderer Gehässigkeit hervorge-
tan. Die rußlandfreundliche und antiisraelische Propaganda der Regierung Indira Gandhi fällt schon eine Weile
ins Auge. Auch der König aus dem Osten, zu dem sicher
auch Indien zu zählen ist, wird also wach, und zeigt sein
wahres Gesicht.

WAS GESCHAH IN VENEDIG?

Lange hielten sich die Europäer aus dem Geschehen im

Nahen Osten heraus. Sie überließen die Verhandlungen den Amerikanern. Ein Landsitz mit dem beziehungsvollen Namen „Camp David" war Tagungsort für die vielen Verhandlungen zwischen Ägypten und Israel. Camp David – das „Lager Davids", des jüdischen Königs und Feldherrn, des alttestamentlichen Psalmisten und der wohl schillerndsten Figur des hebräischen Reiches. David, der als Hirtenjunge den Kampf mit dem Philister Goliath wagte, obwohl ihm die Waffenrüstung Sauls nicht paßte. Er konnte und wollte nicht ertragen, wie der Philister das Volk Israel und seinen Gott verhöhnte. David nahm seine Schleuder und tötete den Riesen. In welcher Rolle finden wir Israel heute? Ist es nicht wieder der kleine, verachtete David, der von seiner Umwelt verspottet und verlacht wird?

Noch vor wenigen Jahren war das anders. Ich erinnere mich an einen Abend im Golfclub Baden-Baden mit wichtigen Geschäftsleuten. Der Präsident unseres Unternehmens gab mitten in der anregenden Unterhaltung seine Meinung über Israel preis. „Es ist ein wunderbares Volk, ein Volk mit so viel Energie und Mut. Diesen Menschen gehört meine ganze Sympathie!" sagte er. Ich kann mich nicht daran erinnern, daß auch nur ein einziger gezögert hätte, ihm spontan zuzustimmen. Das war vor ungefähr zehn Jahren.

Über diese Zeit schrieb die Frankfurter Allgemeine: „Als israelische Elitetruppen schließlich vor der Klagemauer in Ost-Jerusalem standen, war dem jüdischen Staat aus den westlichen Demokratien eine Woge begeisterter Sympathie entgegengeschlagen. Damals, im Juni 1967, hatte die Welt auf die Ruinen der von den Arabern geschändeten Synagogen in der Altstadt von Jerusalem mit Empörung gestarrt. Nie wieder solle Ost-Jerusalem unter die Kontrolle einer arabischen Regierung geraten – das war damals die Meinung der westlichen Öffentlichkeit …"

Und heute? Die Waffe Öl hat den Westen gegenüber

den Arabern wieder gefügig gemacht. Von Empörung keine Rede mehr, ja die Empörung wendet sich jetzt gegen Israel. In Venedig versammelten sich die europäischen Staatsmänner, um eine Nahost-Resolution zu Papier zu bringen. Camp David sollte nicht mehr genügen, nun meldete man sich selbst zu Wort. Es wurde ein Bumerang. Man wollte den Arabern und der PLO einen Gefallen tun, der von Yassir Arafat mit Spott und Hohn beantwortet wurde. Und der israelische Ministerpräsident scheute sich nicht, die Europäer an ihr Versagen während der Judenverfolgung des Dritten Reiches zu erinnern, Bundeskanzler Schmidt wurde sogar seine Kriegsvergangenheit vorgeworfen.

Beim Propheten Daniel lesen wir im 9. Kapitel, Vers 27: „Er wird aber vielen den Bund schwer machen eine Woche (aus dem Zusammenhang geht eindeutig hervor, daß mit einer Woche sieben Jahre gemeint sind) lang. Und in der Mitte der Woche wird er Schlachtopfer und Speiseopfer abschaffen.“ Ryrie erklärt in seiner „Ryrie Study Bible“ zu diesem Vers: „Der Fürst aus Vers 26 ist der Antichrist, der bereits in Kapitel 7, Vers 8 und Versen 24-26 genannt wurde. Er wird einen Bund mit vielen (aus dem jüdischen Volk) zu Beginn der Trübsalszeit schließen. In der Mitte der Woche, also nach dreieinhalb Jahren, wird er seinen Bund brechen und den Tempel entweihen, indem er Verehrung für sich selbst fordert (vergleiche: Matthäus 24,15 und 2. Thessalonicher 2,4).“

Wenn wir also davon ausgehen, daß die europäischen Staaten (das antichristliche Gebilde) mit Israel einen siebenjährigen Bund schließen, der sich zwar später als ein Scheinfriede entpuppt, was soll dann die feindselige Haltung? Ich glaube, die wirtschaftliche und politische Gesamtsituation verlangt zur Zeit ein freundschaftliches Verhältnis zu den OPEC-Staaten, um die Ölversorgung zu sichern. Der kommende starke Mann wird dann einen großartigen Friedensplan anbieten, der das Nahostproblem aber nur scheinbar lösen wird. Darin werden das

Existenzrecht Israels und die Grundsatzforderungen der Araber anerkannt. Jeder kommt zu seinem Recht, der Westen und die Industriestaaten zu ihrem Öl, die Araber und Muslime zu ihren Heiligtümern und die Palästinenser zu ihrer Heimat.

Europa hat in der Vergangenheit bewiesen, daß es gewaltige Staatsmänner, oder sagen wir besser Führer, hervorzubringen in der Lage ist. Der Autor des Weltbestsellers „Alter Planet Erde, wohin?" antwortete 1980 in Frankfurt auf die Frage eines Vortragsbesuchers, welches Land er sich denn in Europa vorstellen könne, das einen „Führer" zur Lösung all dieser Probleme hervorbrächte: „Ich weiß nur von einem Land, das dazu in der Lage ist!"

Nun, wir wollen darüber nicht spekulieren, sondern hellwach die Ereignisse verfolgen, die zu einem solchen Bündnis führen können. Europa wird sich nicht voll und ganz gegen Israel wenden, sondern immer wieder um einen Ausgleich bemüht sein. Der starke Mann, der Antichrist, wartet auf seinen Auftritt. Wie lange noch?

SCHWARZE WOLKEN AUS DEM NORDEN

So spricht Gott, der Herr: Ist's nicht so: Wenn mein Volk Israel sicher wohnen wird, dann wirst du aufbrechen und wirst kommen aus deinem Ort, vom äußersten Norden, du und viele Völker mit dir, alle zu Roß, ein großer Haufen und eine gewaltige Macht, du wirst heraufziehen gegen mein Volk Israel wie eine Wolke, die das Land bedeckt. Solches wird am Ende der Tage geschehen.

(Hesekiel 38,14b-16a)

Der Hauptgegner des Volkes Israel kommt aus dem Norden. Er ist geheimnisumwittert. So vieles im Kreml dringt auch noch nicht an die Öffentlichkeit. Die Herren an der Macht tauschen Bruderschaftsküsse aus, doch gehen sie mit der Lüge um, wie Lenin es befahl: „Die Lüge muß als ein Mittel eingesetzt werden, wenn sie unserer Sache, der

Durchsetzung der Ziele des Kommunismus, nützt." Überall haben sie ihre Hand im Spiel, die halbe Welt hört auf ihr Kommando.

Nach einer Zeit der relativen Freizügigkeit wird jetzt wieder den ausreisewilligen Juden (ungefähr 300.000) die ersehnte Auswanderung versagt. In der Sowjetunion selbst wird der Druck auf die Juden immer größer, sie müssen sich Hetzschriften gefallen lassen. Bereits fünfzig Titel sind erschienen, die von der Regierung subventioniert und in hohen Auflagen verteilt werden. Schon hört man auch wieder von Verhaftungen „jüdischer Parasiten".

Was nur bringt die Menschen so gegen die Juden auf? Haben sie nicht schon, wie wir Deutschen, genug Schuld auf sich geladen, indem sie das Volk Gottes in zahllosen Pogromen erbarmungslos verfolgten? Es gibt keinen einsichtigen Grund für den Judenhaß. Aber es muß so sein. So sagt es die biblische Prophetie: „Sie werden gegen Israel ziehen."

Es gibt Dinge, die die Bibel klar voraussagt. Die Tatsache eines Angriffs aus dem Norden gehört dazu. Andererseits wissen wir von Voraussagen, bei denen uns Zeit und Stunde nicht klar gesagt werden. So verhält es sich hinsichtlich des sowjetischen Angriffs auf Israel. Die Tatsache bleibt bestehen, aber wir wissen die Zeit nicht. Sieben Monate werden die Juden damit zubringen, die Toten dieses Krieges zu begraben. Sieben Jahre wird es dauern, allen Kriegsschutt wegzuräumen. Das läßt die Schlußfolgerung zu, daß diese Schlacht direkt vor dem Beginn der siebenjährigen Drangsalszeit beginnt, denn es ist schlecht vorstellbar, daß die Menschen während des Tausendjährigen Reiches damit beschäftigt sein sollen, Kriegsschutt zu beseitigen.

Aber diese Schlußfolgerung ist Spekulation. Und vor dieser Art Prognosen müssen wir uns hüten. Ein weiteres Beispiel soll das verdeutlichen:

Wir können davon ausgehen, daß der Angriff der Sowjetunion das Ziel hat, den einzigen Verbündeten des Westens im Nahen Osten auszuradieren und sich der in dieser Region vermuteten Bodenschätze zu bemächtigen. In letzter Zeit häufen sich die Meldungen von riesigen Ölvorkommen in Sibirien, die größer seien als alle Vorkommen am Persischen Golf zusammengenommen. Wenn das so ist, was wollen die Russen dann am Persischen Golf? Nun, in erster Linie bleibt ihr ideologisches Interesse, das die Weltrevolution fordert. Zum zweiten kann die Meldung über die riesigen Vorkommen sicher erst dann ihre Einordnung finden, wenn feststeht, ob man diese gewaltigen Bodenschätze während des ständigen Wechsels zwischen steinhart gefrorenem Boden und knietiefer Schlammwüste überhaupt ausbeuten kann.

Es ist klar: Bei der Einordnung von Ereignissen in das Endzeitpuzzle müssen wir uns vor falscher und spekulativer Prognose hüten. Aber vergessen wir nicht, daß die Wehen des bevorstehenden Gerichts tatsächlich mit Geburtswehen zu vergleichen sind.

Etwas ängstlich wartete ich auf den Ruf der Schwester. „Sie können hereinkommen." Meine Frau und ich erwarteten unser erstes Kind. Es war aufregend. Was versteht ein Mann schon von Geburtswehen. Wie gut, wenn er ein wenig Einblick erhält, indem er seiner Frau in diesen schweren Stunden beistehen darf. Ich habe dabei einiges gelernt. Zum Beispiel, daß die Geburtswehen häufiger und heftiger werden. So geschieht es auch mit den Wehen, die das Gericht dieser Welt einleiten. Mit Recht stellen wir fest, daß alle katastrophalen Ereignisse nicht neu sind. Aber sie geschehen immer stärker und immer häufiger. Der Hinweis auf die Erdbeben mag genügen.

Das Entscheidende ist, daß Pausen zwischen den Wehen immer kürzer werden. Obwohl das ein sicheres Zeichen der kurz bevorstehenden Geburt ist, kann die nächste Pause aber wieder länger sein. So ist es auch mit den Dingen, die in Kürze über unsere Welt hereinbrechen werden. Es gibt aufhaltende und fördernde Faktoren.

Hören wir von dem sibirischen Öl, dann denken wir, das Kommende verzieht. Gibt es vielleicht das elfte Mitglied in der EG, dann werden wir unsicher, weil doch nur von einem Zehnstaatenbund die Rede ist.

Es wird alles zu seiner Zeit geschehen, und es ist allein Gott vorbehalten, die Ereignisse zu veranlassen oder zuzulassen. Sicher ist, daß die Sowjetunion Israel angreifen wird. Wann, ob zu Beginn der Trübsal, in der Mitte oder am Ende, das sollen und wollen wir nicht klären.

DER FALSCHE PROPHET

Und ich sah ein zweites Tier aufsteigen von der Erde, das hatte zwei Hörner gleichwie ein Lamm und redete wie ein Drache. Und es übt alle Macht des ersten Tieres vor ihm, und es macht, daß die Erde und die darauf wohnen, anbeten das erste Tier, dessen tödliche Wunde heil geworden war. (Offenbarung 13,11-12)

Eine andere unsichere Komponente ist dieses Tier aus der Erde nach Offenbarung 13. Auch hier gibt uns meines Erachtens die Heilige Schrift keinen eindeutigen Hinweis. Doch wenn wir über die Feinde Israels sprechen, darf diese seltsame Erscheinung nicht fehlen. Er wird dem Antichristen zu Diensten sein, wie einst Goebbels Adolf Hitler. Er wird zur Ehre des Antichristen Wunder vollbringen. Er wird die zum Tode verurteilen, die nicht gehorchen, und verlangen, daß alle, die kaufen oder verkaufen wollen, ein Zeichen an der Stirn oder an der Hand tragen. Ein greulicher Propagandaminister.

Viele meinen, der falsche Prophet sei ein Jude, sein hauptsächlicher Machtbereich sei Israel, und er würde den Bund mit dem Zehnstaatengebilde schließen. Gehen wir einmal davon aus, daß diese Vermutung richtig ist, dann wird er auch von Israel als der erwartete Messias gesehen. Statt des Friedens wird er aber ein totales Chaos verursachen.

Die Israelis scheinen zur Zeit bereit zu sein, einen superstarken Führer zu akzeptieren. Einer der hervorragendsten Israelkenner, Ben Jacob, der vor kurzem für seine Dienste mit dem Bundesverdienstkreuz ausgezeichnet wurde, sagte mir in Jerusalem: „Wir warten auf den Erlöser. Er wird bald kommen. Er könnte auch Jesus Christus heißen." Diese Aussage ist fast eine Sensation. Noch vor wenigen Jahren wäre sie undenkbar gewesen.

Es ist wohl wahr, für den Überrest aus Israel wird Jesus bald wiederkommen. Aber das heutige Israel wird zuerst noch einem falschen Messias glauben. Einem Feind Israels, der nicht die wahre Offenbarung ist.

WIE KANN ISRAEL DENN ÜBERHAUPT ÜBERLEBEN?

... damit auch die Heiden erfahren, daß ich der Herr bin, der Israel heilig macht, wenn mein Heiligtum für immer unter ihnen sein wird. (Hesekiel 37,28)

Wir können die Geschichte um Israel nicht begreifen, wenn wir nicht ein wenig von der jüdischen Mentalität verstehen. Sie haben sich geschworen, nie wieder aufzugeben, und das hat seine Geschichte. Man nennt das den Masada-Komplex.

Vor nicht allzu langer Zeit bin ich mit der Seilbahn auf den gewaltigen Berg nördlich des Toten Meeres gefahren. Herodes hatte sich dort aus Furcht vor den Römern und aus Angst vor seinem eigenen Volk eine riesige Burg errichten lassen. Als ich mich über die vielen israelischen Offiziere dort wunderte, belehrte man mich, daß sie dort oben den Fahneneid leisteten, der die Formel „Masada darf nie wieder fallen", einschließt. Drei Jahre nach der Zerstörung Jerusalems durch Titus' römische Legionäre war die Festung Masada immer noch in den Händen einiger Zeloten (eine religiöse jüdische Gruppe). 950 Männer, Frauen und Kinder waren nicht bereit, diese letzte Bastion im Kampf gegen die Römer aufzugeben. Schließlich gelang es der römischen Legion, eine riesige Rampe zu bauen, die einen Zugang zu der Festung eröffnete. Sie machten eine traurige Eroberung; denn sie fanden 950 Tote. Was war geschehen?

Als die Gefahr akut wurde und keine Chance mehr bestand, sich zu behaupten, beschlossen die Zeloten einstimmig, lieber Selbstmord zu begehen, als in die Hände der Römer zu fallen; denn dies hätte Sklaverei bedeutet. Seitdem kennt man diesen unbeugsamen Willen der Juden. Keine Diaspora, keine Judenvernichtung, keine noch so schreckliche Verfolgung hat vermocht, diesem tapferen Volk seine Kultur, seine Religion und seinen unglaublichen Lebensmut zu nehmen.

Viele erinnern sich noch an Entebbe. Der wahnsinnige Diktator Idi Amin mit seinem unbegreiflichen Judenhaß meinte, den Israelis einen Streich spielen zu können. Es vergingen nur wenige Stunden, und das Flugzeug mit den Geiseln wurde in einer Nacht- und Nebel-Aktion von einem Kommandotrupp freigeschossen. Oder denken wir an den Angriff auf den irakischen Atommeiler im Juni 1981. Die Israelis fackeln in solchen Situationen nicht lange. Die Welt sollte das zur Kenntnis nehmen. Weiß sie doch, daß sich irgendwo in der Wüste Negev ein Atomwaffenarsenal befindet, das auf abenteuerliche Weise zustande kam. Ende 1957 waren die Franzosen bereit, den Israelis einen Experimentierreaktor zu verkaufen, der früher oder später dazu benutzt werden konnte, Plutonium für militärische Zwecke zu produzieren. In Dimona, unweit des Kibbuz Ben Gurion, besaß man das theoretische Wissen zum Bau der Bombe. Ein Jahr später kam de Gaulle in Frankreich an die Macht. Er wollte von diesem Geschäft nichts wissen und annullierte es. In einem schäbigen Fabrikkomplex am Stadtrand von Apollo im US-Staat Pennsylvania fanden die Israelis nach langer Suche schließlich das, was ihnen noch fehlte. Jedenfalls verschwanden dort zwischen 1960 und 1967 250 Kilogramm Plutonium, von dem später die Hälfte nach Auskunft des CIA im Negev festgestellt wurde. Das reicht für die Herstellung von über einem Dutzend Atombomben. General Moshe Dayan hat zu Beginn des im Anfangsstadium für Israel verhängnisvollen Yom Kippur Krieges 1973 seiner Premierministerin Golda Meir geraten, die Atomwaffe einzusetzen. Das Kriegsgeschehen konnte diese fatale Maßnahme verhindern. Wie wird es jedoch beim nächsten Mal ausgehen?

Das jüdische Volk hat gelernt, sich seiner Haut zu wehren. Koste es, was es wolle. Wenn man nur noch von Feinden umgeben ist, scheint der Präventivkrieg oft das einzige Mittel. Israel ist um diese Maßnahme nicht verlegen.

FAZIT

Israel ist in schlimmer Bedrängnis. Wann wird diese Not ein Ende haben? Sind etwa neue Freunde in Sicht? Vielleicht Mubarak, vielleicht Ronald Reagan? Israel hat einen treuen Verbündeten, den allmächtigen Gott. Nichts auf der Welt würde sonst helfen.

Ein Bekannter unserer Familie meinte neulich, Menachem Begin sei ein engstirniger, starrköpfiger Politiker. Man müßte – im übrigen – den Palästinensern endlich zu ihrem Recht verhelfen. Er befindet sich mit dieser Meinung in guter Gesellschaft. So denken doch fast alle.

Es ist eine aufregende Tatsache, daß der Prophet Hesekiel nach der Rückkehr Israels in das Gelobte Land und dem Zusammenfinden zu einer Nation voraussagt, daß die Juden nicht mehr zerstreut oder vertrieben würden. Wer kann das heute glauben? Alle Welt ist gegen Israel. Und doch werden sie bleiben, wo sie sind. Weil Gott es so will.

Aber verlieren wir auch nicht die Katastrophe aus den Augen, die dieses Land noch treffen wird. Noch ist der letzte Krieg für diese kleine Schar nicht ausgestanden. Sacharja berichtet in den Kapiteln 12-14, wie Gott sein Volk zuerst zu einem Laststein für alle Völker werden läßt, dann diese Nation wiederherstellt und schließlich bereit macht für das zweite Kommen Jesu Christi.

Der Antichrist wird den Juden erst den Frieden versprechen, der Tempel wird wieder aufgebaut und sie dürfen ihren Opferdienst wieder ausüben. Wie lange haben sie das vermißt! Die Klagemauer war doch letztlich ein schwacher Ersatz. Dann aber wird der neue Weltherrscher alle Ehrerbietung für sich verlangen und den Opferdienst in der Mitte der siebenjährigen Trübsalzeit absetzen.

144.000 Juden sind die ersten, die erkennen, auf was sich Israel da eingelassen hat. Die zwei Zeugen aus Offenbarung 11 und diese große Schar evangelisieren die ganze Welt. Gegen allen Widerstand verrichten sie ihre schwere Aufgabe. Viele aus der Menge der Gläubigen sterben den Märtyrertod. Es ist ein Kampf auf Leben und Tod.

Und alles dreht sich um dieses kleine Land Israel. Es mündet ein in die letzte Schlacht dieser Weltzeit. Mitten im Chaos kommt der, den sie gekreuzigt haben. Sie erkennen ihren Messias. Nachdem zwei Drittel des jüdischen Volkes bei den Kriegswirren ihr Leben lassen mußten, wird der Überrest auf den blicken, den sie durchstochen haben, über ihn wehklagen wie über den Verlust des einzigen Sohnes. Sie tragen Leid und weinen bitterlich. Aber nun ist ihre Rettung für alle Zeit geschaffen. Sie dürfen sich von nun an ihrer herrlichen, seit Jahrtausenden versprochenen und so sehnlich erhofften Zukunft freuen.

Der Bär erobert die Welt

Für uns ist kristallklar, daß die Sowjetunion die Strategie verfolgt, die Kontrolle über die Ölfelder im Mittleren Osten zu erlangen.

Ariel Sharon, Israelischer Verteidigungsminister

Seit Lenin hat sich jeder Sowjetführer das Recht vorbehalten, jegliches Verbrechen zu begehen, zu lügen und zu betrügen, um das Ziel der Weltrevolution zu erreichen.

US-Präsident Ronald Reagan

DER BÄR HEBT SEINE PRANKEN

Die Nachricht schlug in den religiösen Kreisen Israels wie eine Bombe ein. Die drei Rabbiner Abu Chatzira, Juda Halberstamm und Mordechai Sharabi hatten Ende 1979 in derselben Nacht den gleichen Traum gehabt. Sie träumten, daß Gott seinem Volk Israel im Kampf gegen Gog, den in der letzten Zeit zur Zerstörung Israels aus dem Norden gekommenen König von Magog, zu Hilfe kommt. Dieser Kampf soll eines der Vorzeichen der Wiederkunft des Messias sein.

Das ist so ziemlich genau das, was wir bei dem Propheten Hesekiel in den Kapiteln 38 und 39 lesen.

Wie ernst können wir diese Träume nehmen? „Ich will meinen Geist ausgießen über alles Fleisch, und eure Söhne und Töchter sollen weissagen, eure Ältesten sollen Träume haben" (Joel 3,1 – Elberfelder).

General Moshe Dayan, der Held des Sechstagekrieges, stellte schon vor Jahren schlicht fest: Israel befindet sich im Krieg mit Rußland.

Der Aufstieg der Macht aus dem Norden zur Weltmacht ist eines der untrüglichsten Zeichen der biblischen Prophetie. Noch vor 40 Jahren hätte kaum jemand geglaubt, daß die Sowjetunion einmal die stärkste militärische Macht dieser Welt sein würde.

Wie sehr sich das Bild der ehemaligen militärischen Vorherrschaft der USA in den letzten Jahren zu Gunsten der UdSSR gewandelt hat, verdeutlicht die nebenstehende Übersicht:

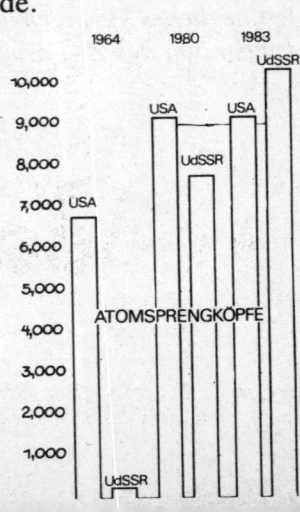

U-BOOTE UND SCHIFFE
USA
UdSSR

PANZER
USA
UdSSR

ARTILLERIE
USA
UdSSR

HUBSCHRAUBER
USA
UdSSR

TAKTISCHE LUFTFLOTTE
USA
UdSSR

SOLDATEN
USA
UdSSR

An diesem Ungleichgewicht wird wohl auch die Stationierung der MX-Atomraketen der USA nichts ändern, die auf unterirdischen Fernstraßen ständig zwischen 23 Bunkern (pro Rakete) hin- und herbefördert werden, um dem Gegner den jeweiligen Standort zu verheimlichen.

Die Vereinigten Staaten haben sich in den letzten Jahren selbst entwaffnet. Seit Ronald Reagan in Washington das Sagen hat, soll das zwar wieder alles anders werden. Jedenfalls hat der ehemalige amerikanische Präsident Jimmy Carter seine „völlig falsche Einschätzung der Russen" eingestanden.

„Die Sowjetunion ist militärisch ein fettgepolsterter Koloß. Die hemmungslose Rüstung verleiht ihr den Rang einer Supermacht. Die sowjetische Vernichtungskapazität macht die Europäer zu Geiseln der kommunistischen Politik." Zu diesem Schluß kommt Lothar Rühl in seinem Buch „Rußlands Weg zur Weltmacht" (Econ Verlag, 1981).

DOMINO

Sollte sich die oft belächelte Dominotheorie bei den kommunistischen Eroberungen doch als richtig erweisen? Henry Kissinger hat sogar schon behauptet, daß ganz Westeuropa in einigen Jahren kommunistisch sein werde.

In Südostasien gibt es heute außer Thailand kein Land mehr, das nicht unter kommunistischer Herrschaft wäre. Kein Land dieser Welt hat sich seit 1939 ungestümer ausgedehnt als die Sowjetunion. Es ist die einzige Großmacht, die nach dem Zweiten Weltkrieg größer war als vorher.

Anscheinend ist keine Macht der Erde in der Lage, die UdSSR in ihrem Expansionsdrang aufzuhalten. Rücksichtslos wird Land um Land erobert. Was folgt nach Afghanistan? Der Iran oder die Türkei?

Schon heute lebt die Mehrheit der Menschheit unter kommunistischer Kontrolle. Seit dem Ende des Ersten

Weltkriegs hat sich der Sowjetkommunismus, oft unter Verletzung des Völkerrechts durch Eroberungen, Besetzungen und Revolutionen, immer weiter ausgebreitet.

1919	Ukraine	1947	Rumänien
1920	Aserbeidschan		Ungarn
	Armenien	1948	CSSR
1921	Georgien		DDR
1924	Mongolei	1960	Kuba
1939	Estland	1969	Südjemen
	Lettland	1974	Guinea
	Litauen	1975	Südvietnam
1944	Finnland-Karelien		Angola
	Tannu-Tuwa		Laos
1945	Nordkorea		Mozambique
	Mandschurei	1977	Äthiopien
	Jugoslawien	1979	Kambodscha
	Kurilen-Inseln	1980	Afghanistan
1946	Bulgarien		
	Albanien		

SOWJETISCHE MILITANZ

Seit den Tagen eines Lenin und eines Josef Stalin hat die Macht aus dem Norden nie etwas anderes im Sinn, als die Welt zu erobern. Ihr erklärtes Ziel ist die Weltrevolution. Breschnew sagt hierzu: „Wir dürfen niemals vergessen, daß die kommunistische Partei den Auftrag hat, die gesamte Weltgesellschaft in hervorragender, vollständiger Weise revolutionär umzugestalten."

Lassen wir hierzu Alexander Solchenizyn zu Wort kommen: „Den Kommunismus wird man nicht aufhalten können durch Verhandlungen oder das Ränkespiel der Entspannung. Er kann nur in die Knie gezwungen werden durch massive Gegenwehr von außen oder durch eine Aushöhlung des Systems von innen. Der eben und scheinbar mühelos zu gehende Weg des langsamen westlichen Rückzugs kann nicht in alle Ewigkeit fortgesetzt werden. Er muß eines Tages in den Abgrund führen. Der Abgrund ist vielleicht noch nicht erreicht, aber er ist nur noch einen Schritt entfernt. Heute sieht die westliche Welt sich größeren Gefahren gegenüber als jenen, die sie 1939 bedrohten."

Ich bin fest davon überzeugt, daß wir in den nächsten Jahren einen wilden Bären erleben werden. Mancher erinnert sich wohl noch an Nikita Chruschtschow, der vor der UNO seinen Schuh auszog, um auf das Rednerpult zu hämmern. Ähnlich militant sind auch heute noch Breschnew und seine Genossen, obwohl sie immer wieder ihren wahren Charakter vertuschen wollen. Das ganze Ausmaß der sowjetischen Militanz zeigt sich übrigens in dem unstillbaren Durst nach nahöstlichen Ölquellen.

Ein Blick auf die Landkarte läßt uns rasch erkennen, warum der Überfall auf Afghanistan strategisch so wichtig war: Ganze 520 Kilometer sind die Sowjets noch von der Straße von Hormuz entfernt. Und dort ist man an der Hauptschlagader der Ölverteilung.

In Hesekiel 38,3 ff. lesen wir: „Ich will an dich, Gog, der du der Fürst bist von Rosch, Mesech und Tubal! Siehe, ich will dich herumlenken und dir einen Haken ins Maul legen und will dich ausziehen lassen mit deinem ganzen Heer ... Perser, Kuschiter (Äthiopier) und Libyer befinden sich unter ihnen ..., die vom Hause Togarma, die im Norden wohnen, mit ihrem ganzen Heer; ja viele Völker mit dir. Nach langer Zeit sollst du aufgeboten werden: am Ende der Zeit sollst du in ein Land kommen, das dem Schwert entrissen ist, und zu dem Volk, das aus vielen Völkern gesammelt ist, nämlich auf die Berge Israels, die lange Zeit verwüstet gewesen sind."

Hesekiel erkannte schon vor 2.600 Jahren ein weiteres Motiv, das die Russen in den Mittleren Osten bringen würde: der ungezügelte Tatendrang. Dazu der Sowjetdissident Alexander Ginsburg: „Das hat nichts mit Weltrevolution oder Imperialismus im alten Sinne zu tun. Der Grund ist, daß das Sowjetsystem ohne Expansion nicht existieren kann. Es muß fortwährend seine eigene Stärke zur Schau stellen, um das totalitäre System aufrechterhalten zu können. Das ist eine defensive Bewegung, weil sich das Sowjetsystem gegen das Sowjetvolk verteidigen muß. Ihre Wirkung aber ist durch und durch aggressiv."

WAS IST WIRKLICH IM TOTEN MEER?

Im September 1980 wurde das große Projekt vorgestellt. In wenigen Jahren soll der Wasserkanal vom Mittelmeer in das Tote Meer fertiggestellt sein, um dem Staat Israel viel Elektrizität zu liefern. Entlang dieser Wasserstraße werden Kraftwerke entstehen, um eine weitgehende Unabhängigkeit von dem arabischen Erdöl zu erreichen.

Hat Moskau Interesse an diesem Kanal und an den reichen Mineralvorkommen im Toten Meer? Ihr Wert wird auf 1,27 Billionen Dollar geschätzt. Allein die Pottaschevorkommen würden ausreichen, alle landwirtschaftlich genutzten Flächen der Welt mehrere Jahrhunderte hindurch zu düngen.

Die jüngste Nachricht aus dieser Region bezieht sich auf die Entdeckung von Öl und Gas – möglicherweise ein riesiges Vorkommen.

Im fünften Buch Mose, in Kapitel 33, erteilt Mose einen prophetischen Segen an die Kinder Israel. In Vers 24 spricht er zu Asser: „Asser ist gesegnet unter den Söhnen. Er sei der Liebling seiner Brüder und tauche seinen Fuß in Öl!" Wahrlich ein prophetischer Segen! Wann wird dies Wirklichkeit werden?

Es ist interessant, daß Israel schon vor vielen tausend Jahren Ölfunde zugesagt wurden, obwohl sich der Segen auf den Stamm Asser bezog, der nicht am Toten Meer siedelte.

Israel ist der einzige Faktor, der der UdSSR im Weg steht, wenn sie im Mittleren Osten die Macht übernehmen will. Daraus erklärt sich die Feindschaft zwischen beiden Völkern. Israel muß aus dem Weg geräumt werden, damit der Weg zu den Ölquellen des Nahen Ostens für die Supermacht frei wird.

Fassen wir noch einmal zusammen: Wir leben in der aufregendsten Phase der Weltgeschichte. Sind wir wirklich die letzte Generation, wie der weltbekannte Autor Hal Lindsey (Hal Lindsey: „Sind wir die letzte Generation?", Verlag Schulte + Gerth) in einem Buchtitel fragt? Zu keiner Zeit gab es eine Erfüllung der endzeitlichen Prophetie, da das Hauptereignis, nämlich die Sammlung der Juden aus allen Völkern, erst 1948 begann. Ohne Zweifel hat dieses Jahr eine zentrale heilsgeschichtliche Bedeutung.

Die geographischen Aussagen der Bibel gehen immer von Israel aus. Auf einer Landkarte ist leicht zu erkennen, daß die einzig wirklich große Macht im äußersten Norden von Israel die Sowjetunion ist.

Es ist höchst interessant, daß Scofield in seiner Bibelübersetzung schon 1909 folgende Anmerkung schrieb: „Es herrscht Übereinstimmung darüber, daß hier in erster Linie Bezug genommen wird auf die Mächte des Nordens, geführt von Rußland ... Die Bezugnahme auf Mesech und Tubal (Moskau und Tobolsk) dient als klares Erkennungsmerkmal. Rußland und die Mächte des Nordens sind die jüngsten Verfolger des zerstreuten Israel" (Scofield Reference Bible, New York, Oxford 1909).

Unter Anwendung dieser Aussage geben die Herausgeber der Scofield-Bibel die nachstehende Information über die Namen, die in 1. Mose 10, Verse 1 und 2 genannt werden: (Dies ist das Geschlecht der Söhne Noahs: Sem, Ham und Japheth. Und es wurden ihnen Söhne geboren nach der Sintflut. Die Söhne Japheths sind diese: Gomer, Magog, Madai, Jawan, Tubal, Mesech und Tiras.)

– Magog – Von Magog stammen die Scythen und Tartaren ab, deren Nachfahren im heutigen Rußland wohnen.

– Tubal – Die Tubal-Nachfahren bevölkerten die Region südlich des Schwarzen Meeres.

– Mesech – Vorläufer einer Rasse in Verbindung mit Tubal, Magog und anderen Nationen.

Das genannte Kapitel aus 1. Mose beschreibt die Wiederbevölkerung der Erde nach der Flut. Es war damals üblich, den Namen eines Mannes für seinen „Stammbaum" zu verwenden.

Dr. John Cunning schrieb bereits im Jahre 1864: „Ich bin der Auffassung, daß der König des Nordens Rußland sein wird." Verstehen wir es richtig: zu dieser Zeit waren die Zaren an der Macht und Rußland weit davon entfernt, die große Rolle zu spielen, die es heute in der Welt spielt.

MARX UND MOHAMMED

Die Sowjets sind in Afghanistan eingebrochen, um ihren Einfluß in Nahost zu sichern. Ganz selbstverständlich sehen sie es als ihr Recht an, deswegen militärisch aktiv zu werden. Schließlich gehört Afghanistan schon seit einem Vierteljahrhundert zu ihrem Einflußgebiet. 1955 hatte die US-Regierung dem König des rückständigen Landes statt Waffen vernünftigerweise Wirtschaftshilfe angeboten. Deswegen hatten sich die Afghanen an die Sowjets gewandt, um endlich zu Panzern, Artillerie und Flugzeugen zu kommen. Chruschtschow und Bulganin flogen nach Kabul und schlossen Brüderschaft mit dem König. Die Kommunisten arrangierten sich mit dem Feudalherrn – aber nur nach außen. Im Untergrund bereiteten sie den Weg für die Systemveränderung vor.

Während der fünfjährigen Regierungszeit Daud Khans hatte sich unter dem Schutz Moskaus eine kommunistische Partei gebildet, die sich in den folgenden Jahren durchsetzen konnte. Oft waren die Regierungschefs in Afghanistan nur Strohmänner des Sowjetregimes.

Aber wie würden sich Marx und Mohammed vereinbaren lassen? Im Januar 1980 ließ Moskau verlauten: „Die Sowjetunion steht dem Islam nicht feindlich gegenüber. Sowjetunion und islamische Welt verfolgen doch die gleichen Ziele: sie kämpfen gegen Imperialismus und gegen Neokolonialismus."

So sind die Sowjets der Zeit vorausgeeilt, da sie befürchten mußten, daß in Afghanistan eine islamische Republik wie in Persien ausgerufen würde. Deswegen geben sie sich als Freunde des Islams aus, um auch im Iran Fuß fassen zu können.

Schließlich gibt es tatsächlich einen Punkt, in dem sich Marx und Mohammed völlig einig sind: in der kämpferischen Ablehnung des Staates Israel.

SOWJETSOLDATEN IN KABUL

Für den Einmarsch in die Tschechoslowakei erfanden die Sowjets die sogenannte Breschnew-Doktrin. Gemeint sind damit außerordentliche Maßnahmen, die durch Handlungen ausgelöst werden, die eine Gefahr für die gemeinsamen Interessen des sozialistischen Lagers darstellen.

Diese Doktrin als Rechtfertigung für die kriegerischen Überfälle konnte nun für den Einmarsch in Afghanistan nicht herhalten. Dem von den Sowjets ermordeten Hafizullah Amin (ehemaliger Staatschef von Afghanistan) konnte ein antisozialistisches Verhalten nicht zur Last gelegt werden.

So ist es also augenscheinlich, daß der russische Bär anderes im Sinn hatte. Die Antwort gibt uns Hans Graf Huyn in seinem Buch „Fünf vor zwölf". Er zitiert aus Quellen des amerikanischen Geheimdienstes, der einen sowjetischen Erdölimport schon Mitte der achtziger Jahre in Höhe von etwa 200 Millionen Tonnen voraussagt. Es geht Moskau in Afghanistan vor allem um die Sicherung einer guten Ausgangsposition für künftige Machtkämpfe um die Ölfelder am Persischen Golf.

Für die westliche Orientpolitik steht der Uhrzeiger auf fünf vor zwölf. Jedenfalls ist der Einfluß Moskaus in dieser Region während der letzten beiden Jahre kräftig gestiegen, was auch die Situation im Irak und im Iran beweist. Die Sowjetunion verfügt sowohl in Bagdad über eine moskautreue Regierung als auch in Teheran über wichtige Mittelsmänner. Zur rechten Zeit wird man dort aktiv werden. Eine Machtpolitik auf Biegen und Brechen.

Der Bär befindet sich also auf dem Vormarsch gegen Israel. Wird er den Einfall allein wagen, oder gesellen sich andere Kämpfer hinzu? Darüber läßt Hesekiel keinen Zweifel: Persien, Libyen (Put), Äthiopien (Kusch), das Haus Togarma (Türkei) und Gomer. Wir lernen die Sekundanten noch näher kennen. Es erübrigt sich, viel über „Gomer zu sagen, da es sich hierbei um die Kimmerer des klassischen Altertums handelt. Sie kamen von Asien über das Kaukasusgebirge und fielen im 7. Jahrhundert v. Chr. in das Gebiet Kleinasiens ein. Ihr Wohngebiet war das heutige Südrußland" (Unger: „Die Reiter kommen", Verlag Schulte + Gerth).

DIE SEKUNDANTEN

Der erste Verbündete der UdSSR ist der Iran. Ein Blick auf die Landkarte genügt, um eine Erklärung dafür zu finden. Es ist viel einfacher, mit einer großen Streitmacht das an den Iran angrenzende Elbrusgebirge zu überqueren als den unwegsamen Kaukasus und die Türkei. Wahrscheinlich wird der Aggressor aus dem Norden beide Routen für seinen Überfall benutzen.

70 Prozent seines Erdölbedarfs erhielt Israel zu Zeiten des Schahs aus dem Iran. Heute ist sich der persische Ölminister mit seinen arabischen Verbündeten aus der OPEC völlig einig: Israel ist der Feind des Islam und darf nicht mit Öl beliefert werden.

Ich meine, wir müssen in allernächster Zeit mit der Bereitschaft des Iran rechnen, trotz aller ideologischen Verschiedenheiten gemeinsame Sache mit den Sowjets zu machen.

Gerade als im Juni 1981 der Staatschef Bani-Sadr aus dem Amt gejagt wurde und Khomeinis Todeskommandos mit einer Hinrichtungswelle das Land überzogen, hörte man wieder, wer die eigentlichen Drahtzieher sind. Die FAZ schreibt am 23. Juni 1981 unter der Überschrift: „An Moskauer Fäden": „Die wahnwitzigen Mullahs merken nicht, daß sie zu Puppen am Draht der verborgen wirkenden, von Moskau klug gesteuerten Tudeh-Partei geworden sind. Nutznießer aller weiteren iranischen Revolutions-Metamorphosen wird die Sowjetunion, die dort nichts zu übereilen braucht, weil sie ständig gewisser wird, die Ernte in ihre Scheunen einfahren zu können." Aus anderer Quelle wird ergänzt, daß der Kreml die Parole ausgegeben hat: „Warten bis Khomeini stirbt und die Mullahs sich im Streit um sein Erbe aufreiben." Dann steht der Machtübernahme nicht mehr allzuviel im Wege.

Jedenfalls sind nach Ansicht westlicher Militärstrategen die an den Grenzen des Iran stationierten Sowjettruppen stark genug, um eine ernsthafte Bedrohung des Iran darzustellen. Ihre Ausgangsbasen erlauben es den Sowjets, den Iran mit Stoßkeilen aus drei Richtungen anzugreifen: mit zwei Angriffsspitzen aus dem Gebiet östlich des Kaspischen Meeres und einer dritten aus dem Kaukasus.

In dem Zusammenhang ist interessant, daß der letzte iranische Ministerpräsident vor der Machtübernahme Khomeinis, Bakhtiar, erklärte, die sowjetische Invasion in Afghanistan sei sowohl vor dem Hintergrund der Ereignisse im Iran als auch der Zustände in der Türkei zu sehen.

DER „LÖWE VON JUDA" IST LEIDER TOT

„Ursprünglich hieß er Tafari Makonnen und war der

Sohn eines Generals. Seine Ahnenreihe führte er auf den jüdischen König Salomo und die Königin von Saba zurück. Darum trug er auch den Titel 'Sieghafter Löwe von Juda'.

Von französischen Missionaren erzogen, kam er als Page an den Hof des Kaisers Menelik. 1916 übernahm er als 'Thronerbe' für die Kaiserin Zanditu die Regierung, 1928 machte er sich durch einen Staatsstreich zum König. 1930 ließ er sich zum Kaiser von Äthiopien krönen.

Im September 1974 wurde der Inhaber des ältesten Thrones der Welt nach fast 60jähriger Herrschaft durch das Militär gestürzt. Die letzten Monate seines Lebens verbrachte er in einem Seitenflügel des Menelik-Palastes von Addis Abeba. Ende 1975 starb er an Altersschwäche und einem Prostataleiden.

Kaiser Haile Selassi war als ein überzeugter Christ bekannt. In seinem Land förderte er auf jede nur mögliche Weise die christliche Mission. Im Oktober 1966 hielt der Monarch die Eröffnungsansprache auf dem Weltkongreß für Evangelisation in Berlin, zu dem mehr als 1.200 Delegierte aus allen Teilen der Welt erschienen waren. In seiner Eröffnungsansprache sagte er:

„Unser Zeitalter ist ein Wendepunkt der Geschichte, in dem es unsere höchste Pflicht sein sollte, den Menschen das Evangelium von Jesus Christus zu verkündigen."

Als Haile Selassi gefragt wurde, was es für ihn bedeute, Christ zu sein, antwortete er: „Christ zu sein bedeutet für mich, ein Mensch zu sein, der nach den Geboten Gottes lebt und den Anweisungen seines Meisters, Christus, zu folgen." (Fritz May, Christus aktuell, Brendow)

Oberstleutnant Menghistu Haile Mariam ließ am 20. März 1977 die christlichen Sendungen einstellen. Der Lutherische Weltbund mußte fortan auf seinen Rundfunksender „Stimme des Evangeliums" verzichten. Fast lautlos vollzog sich der Machtwechsel. Das Land Äthiopien driftete in marxistische Gewässer und ist heute ein treuer russischer Vasall. Das hat nicht zuletzt der Grenzkrieg mit Somalia bewiesen, als sich Moskau anfänglich auf die Seite Somalias schlug, aber alsbald seine Meinung änderte, um mit Äthiopien zu paktieren.

Auch hier ist der Hinweis angebracht, daß einige Bibelforscher „Kusch" in den heutigen Irak verlegen. Fest steht, daß die Nachfolger nach Äthiopien auswanderten.

GADDAFI – DER GEFÄHRLICHSTE MANN DER WELT

Herrn Gadaffi geht das alles viel zu langsam. Eigentlich hätten wir den Oberst Gadaffi auf der Seite des „Königs des Südens" vermutet. Aber dann müßte er seinen ungestümen Israelzorn ja noch ein wenig bremsen, denn der „König des Südens" zieht erst später in den Kampf, wie wir noch lesen werden.

Anfang des Jahres 1980 berichteten die Fernsehnachrichten von Gadaffis Bestreben, sein Land mit Syrien zu vermählen. Der Diktator habe sich gerade Syrien ausgesucht (die beiden Hauptstädte liegen immerhin mehr als zweitausend Kilometer voneinander entfernt), weil Assad der einzige verläßliche Partner sei, der die Vernichtung Israels eilig genug betreibe. Die Frankfurter Allgemeine Zeitung schreibt hierzu unter der Überschrift „Gadaffi und Assad":

„Die Politik Gadaffis verdient Aufmerksamkeit. Nicht nur verfolgen im Ausland Mordkommandos des Diktators schutzlose Mitglieder der libyschen Opposition. Auch im eigenen Land führt er den Kampf gegen die islamische Opposition mit ungewöhnlicher Härte. Unter ungläubigen Muslims gilt Gadaffi als rücksichtsloser Mensch, der die Rolle des frommen Mannes allein aus Machtgier weiterspiele.

Gegenüber einer Beiruter Zeitung forderte Gadaffi im August 1980 drohend, alle Christen arabischer Sprache müßten sich zum Islam bekehren. Islam und Arabertum sind für den Libyer fast inhaltsgleiche Vokabeln, hinter denen sich für ihn ein fanatischer Nationalismus säkularer Prägung verbirgt."

Weiter heißt es: „Assad verfolgt in seinem Land die islamische Opposition nicht minder grausam als Gadaffi. Aber der syrische Präsident braucht Geld, und das macht ihm eine Allianz mit Libyen schmackhaft. Auch besteht zwischen den beiden Machthabern Einvernehmen darüber, daß beide der Sowjetunion im Nahen Osten eine Vorrangstellung einräumen, und daß sie in ihren Territorien die Lagerung großer Mengen sowjetischer Waffen gestatten, gewiß nicht nur zum eigenen Gebrauch. Die Annäherung zwischen Syrien und Libyen stärkt den Einfluß Moskaus im Orient."

Die Hochzeit fand am 10. September 1980 in Damaskus statt. Nun gibt es eine politische, wirtschaftliche und militärische Macht zur Zerschlagung des Zionismus und zur Befreiung Palästinas.

Oberst Gadaffi ist machthungrig und ein treuer Verfechter der russischen Interessen. Aber es gibt da ein Problem, das dem Diktator zu schaffen macht. Seine Armee ist zahlenmäßig viel zu klein, um auf der Weltbühne etwas auszurichten. So träumt er seit seiner Machtübernahme im September 1969 von dem Erwerb nuklearer Waffen. Die Jerusalem-Post schreibt am 27. Juni 1980 dazu:

„Als Gadaffi feststellte, daß nukleare Waffen auf dem freien Markt nicht zu erhalten sind, entschied er sich, beim Bau von Atombomben so mitzuwirken, daß die Waffe neben ihrer Radioaktivität auch noch ein anderes Merkmal aufweisen würde: eine islamische Bombe müßte es sein! Er sandte Hunderte von Millionen Dollars für die Forschung und Beschaffung von radioaktivem Material nach Pakistan, wo sich die Arbeiten nun dem Ende nähern. Es erscheint als wahrscheinlich, daß in den nächsten fünf Jahren jeder arabische Staat des Mittleren Ostens die Bombe besitzen wird.

Alternativ könnte Gadaffi, der seit 1977 der erste Beschützer und Pate der palästinensischen Terrorgruppen ist, diese Kernwaffen seinen Schützlingen anbieten, die damit die ganze Welt erpressen könnten, bis ihre Forderungen erfüllt wären. Nachdem die Welt (siehe UNO-Beschluß zugunsten der PLO) die Legitimität des Terrorismus anerkannt hat, ist die Tür weit geöffnet für eine Entwicklung ohne Grenzen, einschließlich des Gebrauches von atomaren Waffen."

In diesem Zusammenhang entnehme ich den „Israelnachrichten" von Ludwig Schneider: „Der einzige Privathersteller von Raketen auf der Welt, die deutsche Firma OTRAG, installiert zur Zeit in Libyen schwere Raketenabschußrampen, die 1983 in Betrieb gesetzt werden können. Libyen ist durch seinen Einfall in den Tschad Besitzer großer Uranmengen." Die Überschrift zu dieser Nachricht: „Wird Libyen 1983 Atombomben besitzen?"

Auch der libysche Diktator kämpft an der Seite der Sowjetunion, um seinen Wunschtraum von der Ausradierung Israels schneller erfüllt zu sehen.

DER KRANKE MANN AM BOSPORUS

In der August-Ausgabe 1980 des christlichen amerikanischen Monatsmagazins „Christian Life" schreibt der Journalist Doug Wead: „Die Wahrscheinlichkeit, daß Äthiopien, Libyen, Persien und die heutige Türkei die Alliierten von Magog sind, war noch vor kurzem logistisch, militärisch und politisch 'dumm'." Wead hält demnach die heutige Türkei für Togarma.

Vor einigen Monaten, in einem Gespräch mit meiner Sekretärin, erklärte ich ihr, daß ich gar nicht den rechten Mut hätte, über die Türkei etwas zu schreiben, da sich in dieser Weltregion nach meinem biblischen Verständnis in allernächster Zeit etwas ereignen müsse. Die Türkei als Südflanke der NATO scheint mir schon eine ganze Zeit der wunde Punkt des Nordatlantikpaktes zu sein.

Sie hätten mal ihre Aufregung erleben sollen: „Haben Sie schon die Nachrichten gehört?" „Nein, warum? Was soll denn passiert sein?" „Na, in der Türkei hat es einen Militärputsch gegeben!"

Der Mann am Bosporus ist wirklich krank. Selbst die westliche Milliardenhilfe, unter der Federführung der Bundesrepublik zusammengesammelt, konnte das Regime nicht stützen. Aber die Krankheit ist für die westliche Welt nicht nur wirtschaftlich, sondern auch geistig gefährlich. Wir vergessen allzuoft, daß die Türkei eine islamische Bevölkerung hat und ihr Herz für die Sache der Araber schlägt.

Zwei Beispiele sollen das belegen: 1973, als die Sowjets im Yom-Kippur-Krieg den Ägyptern Nachschub auf dem Luftweg über die Türkei liefern wollten, fanden die türkischen Außenpolitiker prompt eine Klausel im Meerengenvertrag von Montreux und gaben die Überfluggenehmigung. Ohne die Zustimmung der türkischen Militärs wäre das nicht möglich gewesen.

Am 31. Mai 1981 stellten die „Turkish-Airlines" nach sechzehnjährigem Dienst ihre Flüge nach Israel ein. Wahrscheinlich handelten die Türken unter arabischem Druck, da dieselben Maschinen nun den Persischen Golf und Libyen anfliegen.

Freundschaft gegenüber Arabern bedeutet fast immer Feindschaft gegen Israel. Wie verläßlich so ein Partner für die NATO ist, darüber muß man sich wohl nicht lange den Kopf zerbrechen.

Mustafa Kemal Atatürk, der Gründer der modernen Türkei, ging nach der Niederlage des Osmanischen Reiches daran, eine neue Türkei zu schaffen, die ganz von westeuropäischen Vorstellungen über Kultur und Politik inspiriert war. Der Säkularismus, die Trennung zwischen Staat und Religion, wurde zu einem der Prinzipien des Kemalismus. Der Religionsunterricht wurde aus den Schulen verbannt, Religion wurde zur Privatsache.

Solange der von fast allen Türken verehrte Retter und

Gründer der neuen türkischen Nation – der Ghazi (Glaubensheld) – noch lebte, wagte die konservativ religiös ausgerichtete Opposition kaum Widerstand. Erst als in den vierziger Jahren Atatürks Kampfgefährte Ismet Inönü den Staat lenkte, kam es zu einer gewissen Lockerung. Seit dieser Zeit hat eine ständig stärker werdende Re-Islamisierung stattgefunden, die bei verschiedenen Gruppen und Parteien von Fanatismus geprägt ist.

Wird die Türkei nun zu einem Satellitenstaat des sowjetischen Machtbereichs? Wird sich der kranke Mann am Bosporus seiner Pflichten innerhalb der NATO entledigen? Ja. Ich glaube, über kurz oder lang wird ein Ausscheren der Türkei aus dem Atlantischen Bündnis erfolgen und sich der islamische Einfluß mehr und mehr durchsetzen. Es versteht sich dann von selbst, daß die Kontra-Israel-Haltung immer mehr an Boden gewinnt. Wahrlich keine guten Nachrichten für den Westen, der sich doch alle Mühe gibt, Entwicklungshilfe mit harter Währung zu leisten.

Es bleibt zu erwähnen, daß manche Bibelausleger unter Togarma Armenien verstehen, östlich des Schwarzen Meeres und heute Teil Südrußlands.

RUSSLAND IST GERICHTSREIF

Nachdem wir nun die Kampfgenossen der Sowjetunion ein wenig näher unter die Lupe genommen haben, kommen wir zu der Frage zurück, was wir aus dem Gesicht Hesekiels über Gog schließen dürfen. Eigentlich berichtet der Prophet nur die letzte Geschichte Gogs. Ein gewaltiger Gottesfeind tritt am Ende der Tage auf, er ist gerichtsreif. Jehova legt ihm den Ring in die Nase und gängelt ihn wie einen Stier, der geschlachtet werden soll.

Die russische Geschichte ist von Grauen und Schrecken geprägt. Früher, unter den Zaren, verbarg sich der Atheismus oft unter einer frommen Maske, heute tritt der wahre Charakter offener und unverhüllter zutage.

Vor einiger Zeit erschien das „Taschenlexikon eines Atheisten" in neuer Auflage. Die sowjetischen Buchläden waren der stürmischen Nachfrage für diesen Titel kaum gewachsen. 100.000 Exemplare fanden ihre Käufer. In keinem anderen Buch setzt man sich so mit der Sache der Religion auseinander wie auf diesen 280 Seiten.

In Übereinstimmung mit der marxistischen Theorie wird die Religion entweder als purer Aberglaube oder als Opium für das Volk abgestempelt. Gott? Nur eine Idee, um die soziale Ordnung der Ausbeuter (natürlich ist der imperialistische Westen gemeint) zu rechtfertigen. Himmel? Das lenkt den Kommunisten nur von seinen Aufgaben auf der Erde ab. Ostern? Nur, um die Idee des Friedens und der Vergebung zu pflegen. Die Lehre Jesu „Liebe deinen Nächsten" bezeichnet dieser Bestseller als egoistisch und antimenschlich.

Wie weit ist diese antigöttliche Doktrin nun in das Bewußtsein des Volkes eingedrungen? Sicherlich nicht in der Art und Weise, wie die politischen Führer und Chefideologen es sich wünschen. Trotzdem bleibt es dem russischen Volk nicht erspart, der völligen Niederlage der gottlosen Politik seiner Führer entgegenzusehen. Die Zeit ist nahe, in der Gott selbst dem Gog von Magog einen Zaum ins Maul legt, um ihn herumzulenken in das Land Israel.

DIE FRAGE NACH DEM ZEITPUNKT DES SOWJETISCHEN ANGRIFFS

Es gilt, die verschiedenen vorgeschlagenen Zeitpunkte für die russische Invasion zu respektieren, obwohl es eine plausible Erklärung für das Datum „um den Beginn der 'siebzigsten Jahrwoche'" gibt.

Israel begräbt sieben Monate lang die Leichen des Feindes und hat sieben Jahre vollauf zu tun, den Kriegsschrott als Brennmaterial einzusammeln. A propos Brennmaterial – Hesekiel spricht in Kapitel 39, Vers 9 von „Schilde und Tartsche, Bogen und Pfeile, Keulen und Speere". Klingt das nicht ein wenig überholt? Können wir uns ein russisches Heer mit so altertümlichen Waffen vorstellen?

Es gibt eine Menge Erklärungen für diese Ausdrücke, die Hesekiel gebrauchte. Daß jedoch ein modernes Volk seine Streitkräfte mit überholtem Waffenarsenal in die Schlacht schickt, ist schwer vorstellbar. Aber stellen wir uns zum Beispiel vor, mit der Vision „Platzregen und Hagelsteine, Feuer und Schwefel will ich regnen lassen auf ihn und auf all sein Heer" (Hesekiel 38,22) sei das nukleare Feuer gemeint. Nukleares Feuer verbrennt auch Metall. Gottes großer Feuerregen vom Himmel, der die Invasion zum Stillstand bringen wird, ist als Hinweis auf thermonukleare Waffen verstanden worden. Möglicherweise besitzen die Israelis Mittel, um tatsächlich moderne Panzer zu verbrennen.

Zum anderen darf man den Hinweisen Glauben schenken, daß Moskau an einem Material arbeitet, das auch für moderne Kampfmittel Hartholz statt Stahl einsetzt. Dieses Hartholz hat den Vorteil, leichter als Stahl zu sein und damit unkomplizierter zu handhaben. Von daher können wir die sieben Jahre Zeit für das Verbrennen des Kriegsmaterials einordnen.

Ich will noch einmal betonen, daß die Frage nach dem Zeitpunkt des russischen Angriffes auf Israel unmöglich dogmatisch beantwortet werden kann. Jedenfalls wird jedoch der Aggressor aus dem Norden erst dann attackieren, wenn der Zehnstaatenbund (wahrscheinlich die zehn EG-Staaten) unter der Herrschaft des Antichristen bereits existiert. Das ist herauszulesen aus den beiden Bibelstellen Hesekiel 38 und Daniel 11. Nach der Unterzeichnung des Vertrages des Antichristen mit Israel wird der „König des Südens", die arabischen Staaten, Israel angreifen (Daniel 11,40). Zu dieser Zeit wird der König des Nordens mit seinen Genossen in das Geschehen eingreifen, nach Israel stürmen und weiterziehen nach

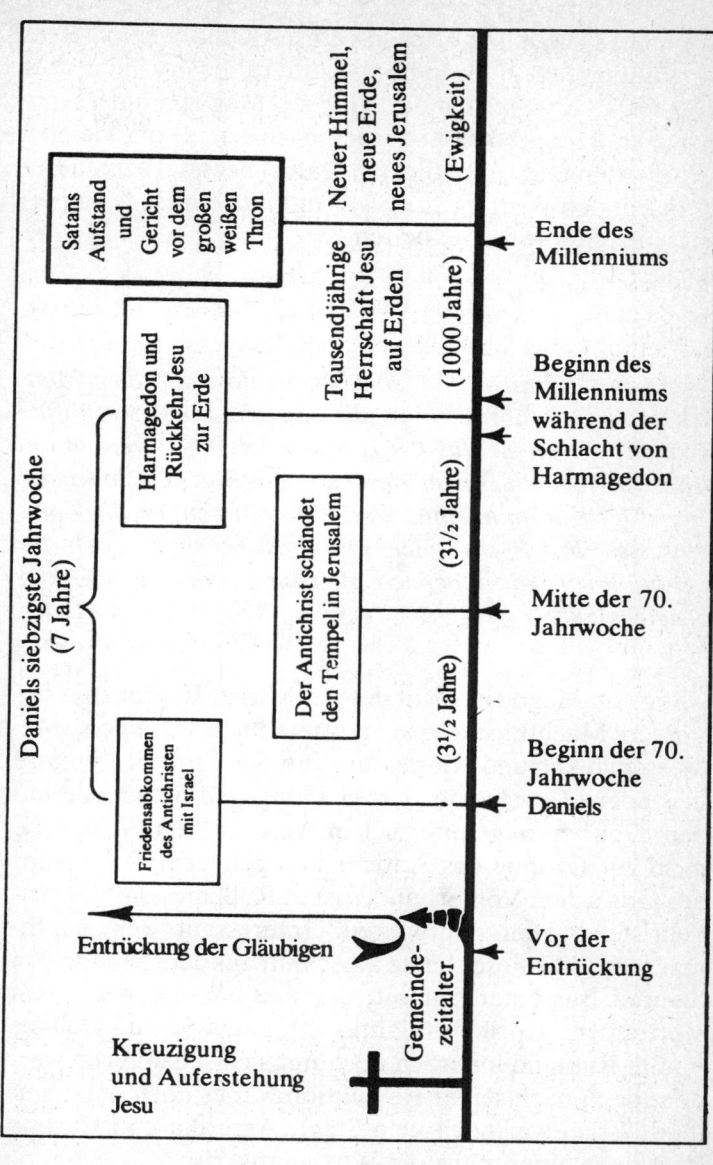

Ägypten (Daniel 11,42). Als er nun Gerüchte aus dem Osten und dem Norden hört (Luther übersetzt hier statt Gerüchte Geschrei), ändert Gog aus Magog schnell seine Schlachtpläne und zieht zurück nach Israel, um viele zu „verderben und zu vertilgen". Daniel beendet seinen Bericht mit den Worten: „... bis es mit ihm ein Ende werde; und niemand wird ihm helfen."

FAZIT

Wenn es Gott nicht gibt, so bedeutet das, daß dem Menschen alles erlaubt ist. Jene, die Gerechtigkeit zu schaffen meinen, indem sie das Christentum leugnen, werden am Ende die Welt im Blut ertränken, denn Blut heischt wieder Blut. Der Kommunismus wird triumphieren, ob die Kommunisten im Recht oder im Unrecht sind; doch ihr Triumph wird die äußerste Entfernung vom Reiche Gottes bezeichnen.

Fjodor Dostojewski

„Gog von Magog ist nicht der Antichrist. Es gibt zwei besondere Machtblöcke, zwei gottfeindliche Gruppen, zwei Massenvölker und Riesenbereiche der Endzeit, die ihre besondere Geschichte, Entwicklung und Schicksale haben. Gog vereinigt unter sich im wesentlichen Völker, die nicht zur Gruppe des Antichristen gehören. Das Haupt des Gog'schen Völkerbundes ist in Rußland, das des Antichristen in Rom zu erwarten." Interessant, wenn ich Ihnen sage, daß dieser letzte Abschnitt aus dem Munde von Konrad Bussemer stammt, der diese Worte bei einem Vortrag im April des Jahres 1931 aussprach. Damals mußte Rußland innerlich noch mit sich selbst fertig werden, denn nach seiner Revolution war es noch unbedeutend. Israel war noch kein Staat. Amerika und Europa standen in einer schweren Wirtschaftskrise.

Konrad Bussemer glaubte dem biblischen Wort, obwohl die Fakten scheinbar eine andere Sprache redeten.

Als Hal Lindsey vierzig Jahre später noch eindeutiger zu diesem Thema Stellung bezog, zog mancher Leser, ja auch viele Christen, etwas mitleidig lächelnd die Augenbrauen hoch. Heute, vor unseren Augen, hat sich das Wort der Heiligen Schrift aufs genaueste erfüllt.

Was also sehen wir heute? Rußland dehnt seine Grenzen ständig aus und ist in seinem Egoismus schier unaufhaltsam. Westeuropa kneift wie das Kaninchen vor der Schlange, ja man hält sogar die Steigbügel. Am 13. und 14. Dezember 1980 forderte in Wien die „Sozialistische Internationale" mit Willy Brandt an der Spitze und Politikern wie Olof Palme (Schweden), Bruno Kreisky (Österreich) und François Mitterand (Frankreich) eine möglichst enge Zusammenarbeit mit Moskau und eine Neutralisierung Europas.

Aber es muß so sein, denn Gog ist der Mächtigere. Erst sein Sturz gibt die Bahn frei für Europas eigene, antichristliche Machtentfaltung. Der Massenheerzug Rußlands auf die Berge Israels endet in einem Massengericht. Leider läßt sich Europa durch dieses göttliche Feuer nicht warnen, sondern schlägt die gleiche Entwicklung zum Bösen ein, um ein noch schrecklicheres Ende zu finden. Sein Führer wird als erstes Lebewesen in den Feuersee geworfen.

Nun meinen manche, die Erfüllung des prophetischen Wortes aus Hesekiel 38 stände noch eine Weile aus, da es doch heißt, Israel wohne zu dieser Zeit „sicher". Besser übersetzt man das Wort „bätach" aber mit sorglos. Wie sorglos war doch Israel am Yom Kippur 1973!

Wir haben auf nichts mehr zu warten. Für Gog naht das Ende, für Israel der Segen Gottes. So verstehen wir denn auch die Worte des Propheten Joel, der in Kapitel zwei die Vernichtung des nördlichen Feindes und erst in Kapitel drei die Geistausgießung über Israel verheißt.

Der König
des
Südens

Die Auseinandersetzung mit dem Islam wird eines der zentralen Themen der letzten beiden Dekaden dieses Jahrhunderts bleiben. Wir tun gut daran, uns – über die leidige Ölfrage hinaus – mit dieser Problematik zu befassen.

Aussage zu dem Buch „Die Islamische Herausforderung" von Gerhard Konzelmann.

Es steht doch geschrieben, daß Abraham zwei Söhne hatte, den einen von der Magd, den anderen von der Freien. Der Sohn, der von der Magd stammt, ist nach menschlichem Willen geboren worden, der aber von der Freien aufgrund der Verheißung.

Galater 4,27 und 28

Papst Johannes Paul II. erklärt bei seinem Besuch in der Türkei, der Koran und die Bibel entstammten derselben Quelle. Das ist eine schlimme Irreführung und Falschdeutung. Was diese ungeheuerliche Aussage, die den Versuch darstellt, Gott mit Allah oder Jesus mit Mohammed gleichzusetzen, aus der Sicht der Prophetie bedeutet, wird in diesem Kapitel untersucht. Wir entdecken unglaubliche Dinge. Wir wagen uns auf die Spur Babylons, der großen Hure aus Offenbarung 17, und erkennen den König des Südens nach der Vision Daniels.

Der König des Südens, der durch die arabischen Nationen dargestellt wird, ist fast über Nacht zu einer totalen Herausforderung für die ganze Welt geworden.

Zu den gewaltigen Symbolfiguren der Heiligen Schrift, wie dem Tier, dem falschen Propheten und dem Drachen (Satan), gesellt sich nun die große Hure Babylon. Sie spielt eine überaus entscheidende Rolle auf der Weltbühne während der letzten Jahre.

Die islamische Herausforderung stellt keine jahrhundertelange Provokation, wie nach der Wirkungszeit des Propheten Mohammed, dar, sondern eine kurzzeitige, weltweite Bedrohung.

Die Hure Babylon ist zuerst und vor allem ein weltweites religiöses System mit absolut synkretistischem Charakter, d.h. viele Religionen sind in diesem System vermengt. Schon die Bibel spricht von einem gewaltigen religiösen System, von dem gesagt wird, daß viele Könige der Erde mit ihm „Unzucht treiben" und daß es die Zeugen Jesu verfolgt.

In den ersten Jahren der siebenjährigen Trübsal wird sich dieses Machtgebilde mit dem „Tier" verbinden. Nach Kapitel 17 der Offenbarung Jesu Christi an Johannes reitet die Hure auf dem Tier.

Der Antichrist wird sich der vielfältigen Mittel der „Religion" bedienen. Soweit es ihm sinnvoll erscheint, benutzt er die Kirche und den Islam, um seine Macht zu vergrößern. Sehr bald jedoch entledigt er sich dieser Vor-

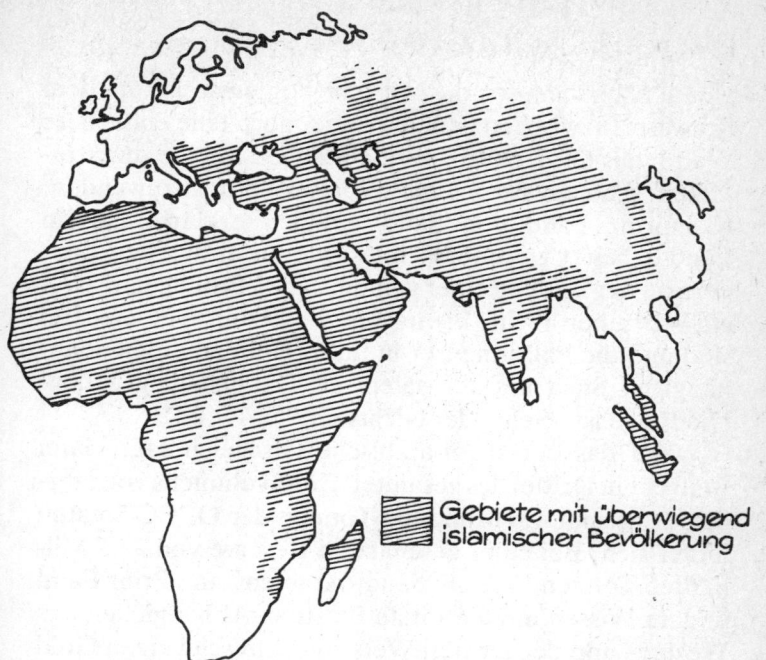

Gebiete mit überwiegend islamischer Bevölkerung

mundschaft, und die Hure wird gehaßt, nackt gemacht und verbrannt.

Jetzt verstehen wir, warum der Islam auf einmal zu einer solch faszinierenden Machtfülle kommt. Die beiden so komplizierten Kapitel Offenbarung 17 und 18 werden leichter verständlich. Dort wird von Babylon als einem religiösen Gebilde (Offenbarung 17) und von Babylon als einer ungeheuer reichen Stadt, einem wirtschaftlichen Zentrum der Welt, (Offenbarung 18) gesprochen. Aber erst durch den unaufhaltsamen Aufstieg des Islam und durch den fantastischen Ölreichtum können wir die beiden Funktionen Babylons richtig einordnen.

Würden sich die arabischen Staaten nicht gegenseitig bedrohen und bekriegen, wären wir dem prophetischen Schlußakkord vermutlich schon ein Stück näher. Doch gibt es bei aller Uneinigkeit ein gemeinsam beschworenes Ziel.

DIE WAFFE ÖL GEGEN ISRAEL

Heute noch kämpfen die Muslime vorzugsweise mit dem Schwert. Inzwischen haben sie aber auch eine einfachere Waffe: das Öl. Um ihre vermeintlichen Rechte durchzusetzen, scheuen sie sich nicht, diese Waffe anzuwenden. Kronprinz Fahd von Saudi-Arabien erklärte: „Mein Land arbeitet zusammen mit anderen arabischen Ländern an der Bildung einer gemeinsamen Front gegen Israel. Wir ruhen nicht, bis unsere 'besetzten Gebiete' frei sind und die Palästinenser in ihrer 'Heimat' einen unabhängigen Staat mit Jerusalem als Hauptstadt gründen. Die Frage ist: 'Sein oder Nichtsein.'"

Wenn das der saudi-arabische Ölscheich sagt, dann weiß er ein Drittel des gesamten Erdölvolumens von jährlich insgesamt 1,6 Millionen Tonnen der OPEC-Staaten hinter sich. Bei einer geschätzten Reserve von 22.5 Milliarden Tonnen Erdöl in Saudi-Arabien kann Prinz Fahd in dem Wissen um die totale Existenz-Abhängigkeit des Westens und der Dritten Welt von dem schwarzen Gold schon gewaltige Forderungen anmelden.

Wichtigste Erdöl-förderländer	Jährliche Produktion in Millionen Tonnen	
	1980	1979
UdSSR	603	586
Saudi-Arabien	495	510
USA	485	479
Irak	138	175
Venezuela	113	125
Mexiko	110	80
China	106	108
Nigeria	101	114
Kuwait	86	130
Libyen	86	101

Kanada	82	86
Großbritannien	80	79
Indonesien	78	80
Iran	74	145
Algerien	45	61
Welt	3066	3251

Mohammed empfand eine fatale Abneigung gegenüber den Juden. Schon zu seinen Lebzeiten ließ er Juden vertreiben und töten und verfluchte sie im selbstverfaßten Koran: „Das Feuer der Hölle wartet auf die, die nicht an den Propheten glauben" (Sure 4).

Die Feindseligkeiten sind jedoch schon älteren Datums, ganze 4.000 Jahre müssen wir zurückrechnen.

ISAAK ODER ISMAEL

Der Apostel Paulus schreibt an die Galater: „Denn es steht geschrieben, daß Abraham zwei Söhne hatte, einen von der Magd und einen von der Freien. Der von der Magd war nach dem Fleisch geboren, der von der Freien jedoch durch die Verheißung. – Aber so wie damals der nach dem Fleisch Geborene den nach dem Geist Geborenen verfolgte, so ist es auch jetzt" (Galater 4,22-23 – Elberfelder). Wie wahr! Abrahams ägyptische Magd Hagar gebar ihm den Sohn Ismael. Von ihm stammen die Araber ab. Vierzehn Jahre später gebar Sarah, die Frau Abrahams, Isaak, den Sohn der Verheißung. Seine Nachkommen sind die Israelis.

In der langen Geschichte fand der Streit zwischen den beiden und ihren Nachkommen nie ein Ende. Und nun, am Ende der Zeit, entzündet sich wieder ein brutaler Kampf.

Würde der allmächtige Gott nicht auf der Seite des Volkes der Verheißung, des Volkes Israel, stehen, dann gäbe es wohl keinen Ausweg für diese Nation. Aber mit der Hilfe Gottes wird Isaak siegen.

DIE GRÖSSTE FÄLSCHUNG ALLER ZEITEN

Der Siegeszug des Islam war nur möglich durch das Versagen der christlichen Kirchen. Ich bin der Überzeugung, daß die große religiöse Macht, die mit dem Antichristen paktieren wird, aus einer Mischung der Weltreligionen besteht. Noch vor wenigen Jahren wäre es unvorstellbar gewesen, die Muslime als einen wichtigen Pfeiler einer solchen Institution zu sehen. Die unheilige Allianz einer Welteinheitskirche hat natürlich nichts mit der wahren Gemeinde Jesu Christi zu tun. Wir haben deswegen innerhalb der christlichen Kirchen (Gemeinden) eindeutig die Unterscheidung zwischen wahren „Wiedergeborenen" und sogenannten Namenschristen zu machen.

Papst Johannes Paul II. schlug während seines Besuches in der Türkei eine erste Brücke zum Islam. Dabei hätte doch gerade er von dieser gewaltigen Fälschung, dem sogenannten Barnabas-Evangelium, wissen müssen. Einer seiner Vorgänger, nämlich Papst Pius V., hatte im 16. Jahrhundert eine Übersetzung des in arabischer Sprache verfaßten Evangeliums des Apostels Barnabas erhalten. Das Buch beginnt mit den Worten: „Wahres Evangelium von Jesus, Christus genannt, der ein neuer Prophet ist, von Gott auf die Erde geschickt, nach der Beschreibung des Barnabas, der sein Apostel war."

Im Text werden Jesus die Worte unterstellt, daß Gott keinen Sohn, keine Mutter und keinen Vater habe. „Ich habe nichts mit dem zu tun, was die Menschen über mich gesagt haben, mit der Absicht, mir mehr Eigenschaften zu geben, als sie ein Mann sonst besitzt. Denn ich bin ein Mann, von einer Frau geboren, bin Untertan des Urteils Gottes. Ich lebe wie jeder andere Mann und bin dem Elend dieser Welt unterworfen wie jeder andere."

Neben vielen wahrheitsgetreuen Textstellen, die von Jesu Wunderheilungen und seinem heiligen Dienst berichten, genügen die genannten Aussagen, um schlüssig nachzuweisen, welch fataler Unfug hier zusammengeschrieben wurde. Zu keiner Zeit hat man dieses „Dokument" von christlicher Seite ernstgenommen. Schon 1713, als das Buch erstmals öffentlich erhältlich war und Prinz Eugen von Savoyen es von dem Buchhändler J.F. Cramer erstand, wurde die Schrift als mohammedanisches Evangelium bezeichnet.

1748 stellte ein Dr. White fest, daß es wohl irgendwo ein arabisches Original geben müsse, da es sich um eine Übersetzung aus dieser Sprache handele. Auch Dr. Braunsberger, ein Mainzer Theologe, nennt das Manuskript eine Fälschung. Er hat nachgewiesen, daß der Autor des Buches nie in Palästina gewesen sein kann.

Schon immer war der Teufel ein hervorragender Imitator. Er wird auch in der Verkörperung der Person des Antichristen und des falschen Propheten eine Menge pseudoreligiöser und christusähnlicher Geschehnisse bewirken. Auch in dem sogenannten Barnabas-Evangelium fehlt der Funke Wahrheit nicht. Aber die heilsgeschichtlichen Tatsachen werden grob verfälscht. Kein Wort von Jesu Sterben am Kreuz auf Golgatha und von seiner herrlichen Auferstehung. Im Gegenteil, wie in manchem modernen Theaterstück oder bizarren Kinofilm die Tatsachen verdreht werden, wird hier Judas gekreuzigt.

Gerhard Konzelmann beschreibt in seinem Buch „Die islamische Herausforderung" die Begebenheit nach dem Text des Barnabas-Evangeliums wie folgt:

„Als die Soldaten kommen, um Jesus gefangenzunehmen, da geschieht ein Wunder: Judas wurde in seinem Aussehen und seiner Sprechweise derart verändert, daß er wie Jesus aussah!"

Selbst die Soldaten lassen sich täuschen und verhaften den Falschen und kreuzigen ihn.

Das Kuriose an diesem Evangelium sind die Worte, die man Jesus selbst in den Mund legte und mit denen er auf den glanzvollen Höhepunkt aller Propheten hinwies: „Er wird Licht in die Dunkelheit bringen, die von den Propheten nicht vollständig erhellt werden konnte." Natürlich fehlt auch nicht, daß der Name dieses Kommenden „der Gepriesene" sein werde, was auf arabisch nichts anderes heißt als Mohammed.

Nun sagen die Muslime, daß falsche Prediger, allen voran der Apostel Paulus, später behauptet hätten, Jesus sei der Sohn Gottes, was Jesus selbst nie für sich in Anspruch genommen habe. Wie anders spricht doch die Bibel darüber: „Siehe, das ist mein Sohn, an dem ich mein Wohlgefallen habe."

Man könnte ja einfach über diese gotteslästerliche Schrift hinwegsehen, wenn nicht die islamische Theologie dieses Buch als einen Beweis für die Echtheit der islamischen Religion ansähe. Wie kraß ist doch der Gegensatz zu dem christlichen Glauben!

Mohammed hätte gewiß Freude an diesem „Dokument" gehabt. Beweist es doch seine Behauptungen, mit denen er die Jungfrauengeburt Jesu, seinen Kreuzestod, seine Auferstehung und seine Wiederkunft leugnet. Der falsche Prophet Mohammed hat sich seinen eigenen „Säulenbau" gezimmert.

DER KORAN UND DIE FÜNF GESETZE

Vor nicht allzulanger Zeit war es unvorstellbar, den Koran wegen seiner Heiligkeit und Besonderheit aus dem Arabischen zu übersetzen. Das hat sich mit der oft von Khomeini und Gadaffi ausgesprochenen Verpflichtung, die Religion des Islam zu exportieren, gründlich geändert. Heute, im Jahre 1981, ist der Koran in 127 Sprachen übersetzt. Allein 3 Millionen Exemplare des Koran sollen kostenlos an Muslime in Europa verteilt werden. Ob sich dann das Wissen um diese angeblich von dem Erzengel Gabriel dem Propheten Mohammed diktierte Schrift, dem Höhepunkt aller Offenbarungen, mehren wird, ist unklar, denn allzuviel aus diesem Buch weiß der durchschnittliche Mohammedaner nicht. Sein Denken muß er ohnehin ziemlich ausschalten, da ihm ja alle Gebrauchs-

anweisungen vorgegeben sind. Und diese Gebrauchsan-
weisungen werden ohne Kommentar übernommen und
stur auswendig gelernt.

Deswegen kennt der Muslim die fünf Gesetze, die fünf
Pfeiler seiner Religion, ganz genau und wird sich immer
nach ihnen richten:

– Glaubensbekenntnis

Ich bezeuge, es gibt keinen Gott außer Gott (Allah), und
Mohammed ist sein Prophet.

– Beten

Der Muslim hat fünfmal täglich zu vorgeschriebener Zeit,
gereinigt, mit Blickrichtung nach Mekka zu beten. In einer bestimmten Körperhaltung werden verschiedene
Koranverse aufgesagt.

– Fasten

Im Fastenmonat Ramadan fastet der Muslim von Son-
nenaufgang bis Sonnenuntergang. So werden durch Be-
achtung der Speiseverbote Sünden gesühnt.

– Almosen

Der Muslim muß einen Teil seines Einkommens als Almosen geben, z.B. die Armensteuer (Zakat).

– Wallfahrt

Jeder Muslim soll einmal im Leben nach Mekka pilgern.
Dort besucht er die Kaaba, angeblich der Ort, an dem
Abraham die Magd Hagar mit ihrem Sohn Ismael verließ.

Der Islam ist eine reine Gesetzesreligion, weil die Ein-
haltung der beschriebenen Gesetze zum Eingang in das
Paradies führt. Viele Vorschriften könnten aus dem Alten Testament stammen, sind aber doch stark verzerrt. Es
ist nichts zu spüren von einer Freiheit, von einer Freiwil-
ligkeit, einem Leben zur Ehre Gottes, weil der Allmächtige uns zuerst geliebt hat und uns erst die Fähigkeit zum
Lieben geschenkt hat.

DIE RENAISSANCE KAM PLÖTZLICH

Das Beispiel Afrika zeigt, wie sehr die Christen bei der Wahrnehmung ihrer missionarischen Aufgaben zerstritten sind. Sie arbeiten oft in erster Linie für ihre jeweilige Denomination und nicht für die Sache Jesu Christi. Diese Uneinigkeit nutzen die Muslime für ihre eigene Propaganda, und zwar mit gutem Erfolg. Mohammed scheint mit seiner Idee: Koran statt Bibel und Mekka statt Golgatha, zu siegen.

Die Kaaba steht, 12 Meter lang, 10 Meter breit und 15 Meter hoch, mit schwarzen Teppichen bedeckt, im Pilgerort Mekka. In der Ecke dieses „Würfels" steht ein schwarzer Stein, der angeblich vom Himmel gefallen ist. Täglich wird er von Tausenden von Pilgern geküßt, im sicheren Glauben, so Sündenvergebung zu erhalten. Früher wurden in dem großen Hof 365 Götzenbilder verehrt. Damit räumte Mohammed auf und entschied sich für den Götzen Allah. Ihm allein sollte fortan Anbetung zuteil werden.

Niemand ahnte etwas von Mohammeds großer Mission, außer vielleicht seinem Vater, der vor seiner Geburt vor der Kaaba „den Namen Allahs" anrief, um das Kind unter den Schutz Allahs, des höchsten Geistes, zu stellen.

Doch der Vater starb bald darauf, und Mohammed verlor seine Mutter, als er sechs Jahre alt war. Er wuchs in ärmlichen Verhältnissen auf. Mit fünfundzwanzig heiratete er eine reiche Frau, mit vierzig Jahren glaubte er, durch Stimmen und Visionen zum Propheten berufen zu sein. Mohammed heiratete später noch weitere neun Frauen und hatte mehrere Nebenfrauen. Nachdem seine religiösen Ideale von seinen Landsleuten nicht übernommen wurden, verband er Religion und Politik und setzte sich mit Gewalt durch.

In seiner Nachfolge gab es unerbittlichen Streit. So konnte Mohammeds Schwiegersohn und Neffe Ali zuerst nicht den Thron des „Iman" besteigen, obwohl er sich als rechtmäßiger Nachfolger fühlte. Die ersten Morde wurden begangen. Auch Ali traf der vergiftete Dolch eines Mörders. Von demselben verhinderten Iman Ali stammen die Schiiten ab, die sich auf ihn berufen. Obwohl sie nur zehn Prozent aller Anhänger des Islam stellen, haben sie sich durch rücksichtsloses Verfechten ihrer Interessen, wie es sich bei Khomeini erweist, einen großen Einfluß gesichert.

Schließlich wurde der zwölfte Iman, Mohammed al Mahdi, „entrückt". Die Schiiten glauben noch heute, er halte sich versteckt und käme bald wieder zur Errichtung des Reiches Gottes.

So finden wir auch hier das Gegenstück zu der Entrückung Henochs im Alten Testament. Die Nachahmetaktik des Teufels ist fast grenzenlos.

Wie erfolgreich Mohammeds Politik jedoch auf lange Sicht war, können wir erst heute beurteilen. Wie Phönix aus der Asche erlebt der Islam seine große Renaissance. Unaufhaltsam drängt er nach vorn, jetzt auch schon in Europa. Die Hure Babylon, das weltumspannende religiöse System, ist um eine Variante bereichert.

GEISTERSTUNDE IN SEVILLA

Sie trafen sich um Mitternacht. Gadaffi hatte die Reise einer islamischen Gruppe ins spanische Andalusien finanziert, um in einer längst verstaubten Moschee den neuen Machtantritt der islamischen Sache bekanntzugeben. Einen riesigen Gebetsteppich hatten sie mitgebracht, und der redeführende Scheich fand markige Worte zur nächtlichen Stunde. Man müsse Andalusien von Spanien trennen und der moslemischen Welt zuordnen, man müsse jeden Menschen respektieren, der nicht den Glauben des Islam angreift. Er fand selbst beim andalusischen Abgeordneten offene Ohren. Endlich soll der Sieg des Islam über das Christentum und das Judentum fortgesetzt werden.

„Der Westen hat verspielt. Durch seine materialistische Lebenshaltung hat er die Grundwerte der Familie zerstört, die Moral verdorben, sexueller Freizügigkeit in schamloser Weise Raum verschafft und sich selbst durch den Mißbrauch von Drogen und Alkohol ruiniert. Er ist in allen Lebensbereichen dekadent geworden. Schon zu allen Zeiten waren dies Anzeichen für den Untergang einer Kulturepoche. Von all diesen Dingen ist die Welt der Muslime nicht angesteckt."

So hören wir heute schon westliche Islam-Experten argumentieren. Haben sie denn so unrecht?

Lassen Sie mich hier eine kleine Anekdote einfügen, die mir vor wenigen Tagen begegnete. Samstagmorgen kam ich ins Büro. Ganz aufgeregt berichtete mir eine Sachbearbeiterin von einer Maus, die vor ihrem Schreibtisch auf der Heizung sitze. Guter Rat war teuer. Ich kann nun mal keine Maus totschlagen. Also nichts wie nach Hause, um unsere Katze Olga herbeizuholen; die sollte das Problem erledigen. Kurz darauf schlich unsere kleine Olga um die Maus herum, die sie aber wenig beachtete, bis sie sich nach einem Tatzenhieb einen Meter weiter ohne Bewußtsein wiederfand. Dieser Maus war es zu gut gegangen. Sie hatte die große Gefahr nicht erkannt, weil ihr Platz auf der Heizung so warm und gemütlich war.

Wäre David damals in die Schlacht gezogen wie viele Male zuvor, wäre er nicht auf den schlimmen Gedanken gekommen, die schöne Nachbarin, die er von seinem Palast aus beobachtete, zu rufen und mit ihr zu schlafen. Was daraus wurde, wissen wir: Davids Sohn starb.

Sind wir bereit, die Gefahr zu erkennen und der Herausforderung zu begegnen? Oder ist es schon zu spät? Die islamischen Staaten sind nicht mehr gewillt, alles auf sich beruhen zu lassen. Im Gegenteil, ihre Parolen, dargelegt von ihrem Philosophen Sultan Hussein Tabandeh, lauten so: „Wenn ein Mann gefangen wird, der nicht dem Islam angehört, so soll er getötet werden. Vor diesem Schicksal kann ihn nur die Annahme des Islam bewahren."

Oder lesen wir eine andere Aussage dieses Denkers: „Wer vom Islam zum Christentum überwechselt, der macht sich dem Tier gleich, der hat sein Leben verwirkt." Bei einer solchen Feindseligkeit kann uns wahrlich angst und bange werden.

STRATEGIE ZUR EROBERUNG DER WELT

Auf der einen Seite ist der militante Einsatz für die islamische Religion wie am Beispiel der Reden Tabandehs, der Machtausübung des Ayatollah Khomeini oder aber am Durchsetzen der palästinensischen Ideen seitens der PLO, scharf zu verurteilen. Auf der anderen Seite ist das Engagement der Muslime und ihr missionarischer Eifer zu respektieren. Wir Christen könnten in dieser Beziehung manches von ihnen lernen. Die Strategie zur Eroberung der Welt vollzieht sich in drei Etappen:

1. Zuerst wird den Muslimen die Bedeutung des Islams eingehämmert.
2. Die islamischen Minderheiten überall in der Welt werden finanziell und natürlich ideologisch unterstützt.
3. Wenn der Muslim ganz und gar überzeugt ist von der Allgewalt des Koran, dann soll er seinen Glauben exportieren.

Wie anders sieht dagegen das Verhalten der 2.000 in Libyen arbeitenden Deutschen aus. „Das Angebot von Gottesdiensten und Bibelstunden findet kaum ein Echo. Die deutschen Firmen verleugnen ihre Herkunft aus dem christlichen Abendland. Um Aufträge zu erhalten, nehmen sie sogar eine 'Israel-Klausel' in ihre Verträge auf, in der sie sich verpflichten, keine Handelsbeziehungen zu Israel zu unterhalten. Während es für die über zwei Millionen Libyer in ihrer sozialistischen Volksrepublik streng verboten ist, eine christliche Versammlung zu besuchen und die wenigen Ausländergemeinden hart bedrängt werden (das Gebäude der Baptisten in Tripolis wurde im Mai 1980 beschlagnahmt), buhlen deutsche Firmen um die Gunst der libyschen Regierung. Unter anderem bauten sie kostenlos eine große Moschee. Ihr mit Patina überzogenes Kupferdach und die mit echtem Blattgold belegten Halbmondspitzen wurden in Deutschland vorgefertigt. Sind die Menschen des Landes der Reformation so sehr dem Götzen des Materialismus erlegen? Wo sind die Christen aus Deutschland, die in ein arabisches Land gehen, um die kleinen Zellen gläubiger Christen zu stärken?" (idea)

Das ist eine erstaunliche Herausforderung für unseren christlichen Glauben. Solange wir jedoch in der westlichen Welt die Auffassung vertreten, Glaube sei „Privatsache", solange wird aus einer „christlichen Gegen-Revolution" nichts. Im Gegenteil, wir verkaufen unsere ehemals noch geachteten Glaubensgrundsätze und tauschen sie ein gegen gute Petro-Dollars. Daß dabei eine Aushöhlung unserer gesellschaftlichen Werte mit einhergeht, nehmen wir zur Kenntnis und in Kauf und bahnen damit sogar schleichend und fast unmerklich sowohl dem Antichristen als auch der „Hure Babylon" den Weg.

Gehen wir in Europa den Weg der Afrikaner? Um die Jahrhundertwende gab es im Schwarzen Kontinent 36 Prozent Muslime, um das Jahr 1950 waren es bereits über 50 Prozent. In den letzten vier Jahrzehnten verdoppelten die Muslime ihre Anhänger in Afrika. Wahrhaft erstaunlich.

Und Europa? In Holland und in Belgien ist der Islam bereits zur größten religiösen Minderheit geworden. In Frankreich gibt es mehr Muslime als Protestanten und in England mehr Muslime als Katholiken.

In der Bundesrepublik lebten 1980 nahezu 1.600.000 Muslime, die meisten von ihnen Türken. Es gibt 133 islamische Gemeinden und 160 Gebetshäuser.

In England sind allein in den letzten zwanzig Jahren 400 Moscheen gebaut worden. In dieser Zeitspanne wurden dagegen 650 anglikanische Kirchen geschlossen. Ganz fatal klingt, daß Frauen zum Islam übertreten, weil sie der feministischen Befreiungsideologie überdrüssig geworden sind. Die 1,5 Millionen Muslime in Großbritannien melden ihre Rechte täglich stärker an.

Besonders seltsam berührt es mich, wenn deutsche Staatsbürger zum islamischen Glauben übertreten und dann – wie kürzlich in einer Fernsehsendung gezeigt – ihren Namen in Mohammed oder Kalifa ändern und weite, arabische Gewänder tragen.

Kalifa hat natürlich auf der Stelle vier Frauen geehelicht, denn so sieht es angeblich der Koran vor. Er ist begeistert von dieser Einrichtung, erlaubt sie ihm doch, endlich seine langgehegten Wünsche zu erfüllen. Eine Frau zu jeder Gelegenheit.

Langsam beginnen sich die Muslime zu organisieren. Im Schwetzinger Schloßpark steht seit 1780 eine Moschee, die ein Kurfürst aus einer Laune heraus erbaut hatte. Nie war sie in Funktion, die Amerikaner benutzten sie als Nachtclub. Jetzt aber praktiziert Abdullah Weiser, ein Deutscher, mit einem Dutzend Anhängern dort die mohammedanischen Rituale.

Wir müssen uns die Frage stellen, ob wir nicht in naher Zukunft ganz persönlich mit der Entscheidung konfrontiert werden, zu der Religion des Islam „Ja" zu sagen. Ziel des Islam ist die völlige Durchdringung Europas mit seinen Idealen. Die Muslime warten nur noch auf den wiederkommenden Führer, vielleicht auf den seinerzeit „entrückten" Mahdi, der die gemeinsame Sache mit politischem und wissenschaftlichem Sachverstand durchzusetzen vermag. Eine ganz große Trumpfkarte wird dieser Mann dann gleich zu Beginn in seinen Händen halten: Erdöl, das schwarze Gold.

DER MORDBEFEHL KAM AUS TRIPOLIS

Basir Elmida studierte die Lebensgewohnheiten seines Landsmannes Omran Medawi. Er wußte genau, wann und wo sich der libysche Geschäftsmann aufhielt. So zum

Beispiel am 10. Mai 1980, ein Tag, den der Kaufmann dazu nutzte, Erledigungen in der Bonner Innenstadt zu tätigen. Basir Elmida störte das rege Geschäftsleben in der City wenig. Auf offener Straße zog er seinen Revolver und feuerte vier Schüsse ab, um ganz sicher zu sein, daß sein Opfer keine Überlebenschance hätte.

Basir Elmida fühlte sich im Recht, denn schließlich hatte das libysche Revolutionskomitee, d.h. Herr Gaddafi persönlich, den Auftrag gegeben, Omran Medawi zu liquidieren.

Vor einigen Jahren wurde der Westen von dem inzwischen hingerichteten ehemaligen Staatspräsidenten von Pakistan, Ali Khan Bhutto, aufgeschreckt, der sich darüber beklagte, daß es eine christliche, eine jüdische und eine hinduistische Atombombe gäbe, nur keine islamische. „Wir werden unsere islamische Atombombe bekommen, und wenn das Volk Gras fressen muß!" So entschieden bekannte sich Bhutto zur Vernichtungswaffe.

Ich kann mir einfach nicht vorstellen, daß die Ölstaaten ihren ungeheuren Reichtum, der tagaus, tagein um 170 Millionen Dollar wächst, zu rein friedlichen Zwecken einsetzen werden. 650 Milliarden Dollar, die sich inzwischen in Arabien angesammelt haben, sind eine ungeheure Macht, die für die rücksichtslose Durchsetzung eigener Interessen eingesetzt wird. Und die Macht nimmt noch zu. 1985 werden es wahrscheinlich 1.200 Milliarden Dollar sein.

Die Überschriften in den Tageszeitungen und Illustrierten scheinen zu beweisen, daß es den arabischen Ländern in erster Linie darum geht, ihre Öldollars als Machtinstrument einzusetzen. Die Waffen sind ganz unterschiedlicher Art. Einmal ist es ein Mord, ein anderes Mal der Versuch, die islamische Bombe herzustellen, oder es geht um Erpressung.

Herr Larosière, Direktor des Internationalen Währungsfonds, wurde in Kuwait, den Emiraten und Qatar vorstellig, um für die armen Länder um etwa 10 Milliarden Dollar nachzufragen. Die Petromagnaten sollten ihr Scherflein dazu beitragen. Doch siehe da, 40 islamische Nationen einschließlich der gemäßigten Saudis waren sich völlig einig, keinen Pfennig zu bezahlen, wenn nicht die PLO als ständiger Beobachter beim Internationalen Währungsfonds zugelassen wird. Was hat eigentlich das eine mit dem anderen zu tun? Hier will man erpressen, um für die Sache des Islam weltweit zu demonstrieren. Lieber sollen die Entwicklungsländer mit ihren drängenden Problemen allein bleiben. Es ist doch klar, daß gerade die katastrophale Ölpreispolitik diesen Ärmsten der Armen den Garaus macht.

DIE BARREL-BARONE

Eigentlich könnte man seine Freude haben. Da haben die Deutschen 1980 doch tatsächlich fast 10 Prozent Öl gespart; doch billiger geworden ist weder das Heizöl noch das Benzin. Im Gegenteil.

In erster Linie liegt diese Verteuerung an der OPEC, der „Organization of Oil Exporting Countries", die gerade ihren zwanzigsten Geburtstag gefeiert hat. „Gefeiert" ist eigentlich übertrieben, denn der Krieg zwischen Irak und Iran ließ keine rechte Feststimmung aufkommen. Man hat kurzerhand die Feierlichkeiten verschoben.

Es war ein langer Weg, den die ölexportierenden Staaten gegangen sind, bevor sie endlich ihre Verkäuferorganisation gebildet hatten.

Am Anfang stand ein Mann, dessen zerknitterter Schlafanzug wohl sein liebstes Kleidungsstück war. Zu Beginn der fünfziger Jahre erklärte Mohammed Mossadegh, der sich gerade zum persischen Ministerpräsidenten gekürt hatte, seinen Landsleuten, er habe die Anlagen der Ölgesellschaft BP in Persien verstaatlicht. Das war ein Schlag ins Gesicht der „Sieben Schwestern", der sieben Ölmultis, die den Markt bis dahin vollständig beherrscht hatten.

Auf eine etwas sanftere Art und Weise versuchte es um dieselbe Zeit der venezolanische Wirtschaftsfachmann Alfonso Perez, der in dreijährigen, zähen Verhandlungen den Multis eine fast fünfzigprozentige Gewinnbeteiligung für die Staatskasse von Venezuela abrang.

Abdullah Tariki, ein in den Vereinigten Staaten in Texas geschulter und mit einer Amerikanerin verheirateter Ölberater des saudischen Königs, vervollständigte das Trio. Er versuchte zusammen mit Perez, die Ölländer auf eine Linie gegen die „Sieben Schwestern" einzuschwören. 1959 kam es zu der ersten großen Auseinandersetzung. Die Ölmultis senkten den Ölpreis um 18 Cent, da ihre Öllager überfüllt waren. Bei dieser Preissenkung wurden die Ölnationen, wie vorher sooft, natürlich nicht gefragt.

Urplötzlich lag die Chance auf der Hand, aus einem Käufermarkt, der völlig von den Ölmultis beherrscht wurde, einen Verkäufermarkt zugunsten der Erzeugerländer zu machen. Perez und Tariki nutzten die Chance. Sie brachten zwar nur fünf der inzwischen dreizehn Mitglieder der OPEC an einen Tisch, aber das reichte aus, um sich nicht mehr die Politik der Exxon, Standard Oil, Texaco, Gulf, Mobil aus den USA, der englischen BP und der englisch-holländischen Royal Dutch/Shell gefallen lassen zu müssen. Doch bis 1973 blieb die OPEC eine eher harmlose Vereinigung, die außer einiger wilder Drohungen und verbaler Angriffe nicht allzuviel zustande brachte. Aber das änderte sich. Die Welt sollte noch das Fürchten lernen.

DER NAHOSTKRIEG BRACHTE DIE WENDE

Zu klar hatte der Westen während des Nahostkrieges 1973 seine Sympathien für Israel geäußert. Postwendend drohten die Ölländer mit einer Drosselung der Förderung, bis Israel alle besetzten Gebiete geräumt habe. Der gemeinsame Haß gegen Israel hatte sie geeinigt, und der

Westen sollte nun ordentlich büßen. Der Ölpreis überschlug sich. Binnen weniger Wochen stieg er von 1.80 Dollar je Barrel auf 5.12 Dollar je Barrel. Der Egoismus kannte keine Grenzen. Natürlich wollten auch die Ölmultis kräftig mitverdienen. Sie vergrößerten ihre Gewinnspannen, die erste Panik brach aus: autofreie Wochenenden, erste Gedanken an Ölrationierung.

Nach dem Yom-Kippur-Krieg von 1973 war das Öl viermal so teuer wie acht Wochen zuvor. Zum ersten Mal war das Öl als Waffe benutzt worden. Der Apostel Paulus behielt recht, als er in seinem Brief an die Galater im vierten Kapitel schrieb: „Aber so wie damals der nach dem Fleisch Geborene (nämlich Ismael) den nach dem Geist Geborenen (nämlich Isaak) verfolgte, so ist es auch jetzt.”

Nichts hat sich geändert. Die Nachfahren Ismaels, die Araber, verfolgen auch noch heute den Sohn der Verheißung, das Volk Israel.

WIRD SICH SCHEICH JAMANI DURCHSETZEN?

Ahmed Jamani, der Ölminister von Saudi-Arabien, will uns noch ein Weilchen im Warmen sitzen lassen. Die Frage bleibt nur, ob er sich gegen die Radikalen wie Alge-

Ölpreise in US-Dollar je Barrel (= 159 l)

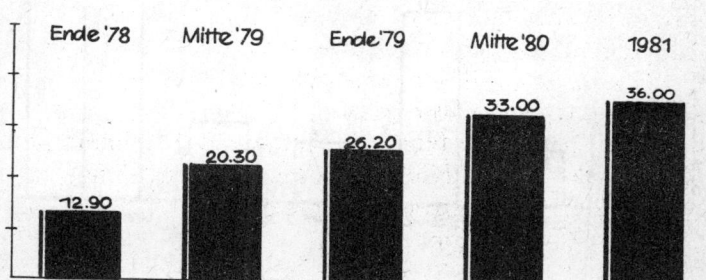

rien, Iran und vor allem Libyen durchsetzen kann. Es sieht nicht danach aus. Ende 1980 haben die 13 OPEC-Mitglieder wieder kräftig zugeschlagen. Kaum einer spricht noch von dem guten Vorschlag Jamanis, die Ölpreise an die wirtschaftliche Entwicklung der wichtigsten Industrieländer anzupassen, auch wenn sich die Öl-Notierungen im Laufe des Jahres 1981 stabilisierten.

Vorerst sind wir auf Gedeih und Verderb den arabischen Scheichs oder den venezolanischen, nigerianischen oder libyschen Machthabern ausgeliefert. Im Mai 1981 mußten die Scheichs in Genf ihre Position allerdings ein wenig überdenken. So mir nichts, dir nichts die Preisspirale zu drehen, das funktionierte nicht mehr. Zum ersten Mal entschied man sich für ein „Einfrieren der Preise" bis zum Dezember 1981.

Hoffentlich findet sich in der Nordsee oder sonstwo in Europa recht schnell noch Ölvorrat, denn die Nutzung der Ersatzenergien läßt wohl noch eine Weile auf sich warten.

Energievorräte der Erde in Milliarden Tonnen Steinkohleeinheiten:

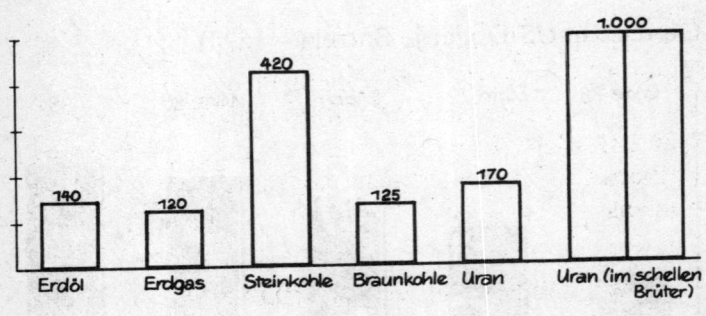

So müßte die Welt ein Jahrhundert lang vier Atomreaktoren pro Woche bauen, um die Kernenergie als Ersatz für das Öl zur Verfügung zu haben. Das würde jedoch 2.000 Milliarden Dollar pro Jahr kosten. Diese Summe kann niemand aufbringen.

Um diese Reaktoren zu füttern, müßten 15 Millionen Kilo Plutonium im Jahr hergestellt werden. 10 Mikrogramm einzuatmen, genügt, um an Lungenkrebs zu erkranken. Die Radioaktivität des Plutoniums hält fünfundzwanzigtausend Jahre an.

So tun wir im Westen gut daran, bald zu begreifen, daß wir den Gürtel enger schnallen müssen. „Die Welt ist energiesüchtig geworden durch ihre maßlose Verschwendungssucht. Die Preissteigerungen schienen zuerst nur die Habenichtse unter den Nationen zu treffen. Ihre Entwicklungspläne wurden zunichte, sie gerieten in die Nähe des Bankrotts. Aber die jetzt erreichten Preise würgen auch den reichen Industrieländern die Luft ab. Wenn die wohlhabenden unter den Nationen nicht auch Ölhabende sind, ist es mit dem Reichtum nicht mehr weit her. Öl ist eine politische Waffe geworden, zur Durchsetzung politischer Absichten; und ganze Nationen krümmen den Rükken." – So kommentiert die FAZ in einem Bericht zu Neujahr 1981.

Obwohl Araber in den letzten Jahren dreizehnmal gegeneinander Krieg führten, müssen wir uns darauf verlassen, daß die Straße von Hormuz auch weiter geöffnet bleibt. Immerhin wird mehr als 40 Prozent des gesamten, auf der Welt geförderten Öls durch die Straße von Hormuz befördert. Europa bezieht über diesen Transportweg etwa 54 Prozent, Japan gar 96 Prozent seines Verbrauchs.

DER WILDE MANN AUS BAGDAD

Um den Charakter der Araber etwas deutlicher zu demonstrieren, will ich Ihnen im folgenden Kapitel die Person des irakischen Militärdiktators skizzieren, der als der starke Führer der islamischen Sache gilt.

Der lange Konvoi der weißen Mercedes, vielleicht zehn oder zwölf, bewegt sich mit großer Geschwindigkeit auf Bagdads Zentrum zu. Alles ist hermetisch abgeriegelt. Alle Wagen sind voll besetzt, doch keiner weiß, in welchem Fahrzeug der „große Führer" wirklich sitzt. Ein unermeßlicher Aufwand gilt einem Mann, dessen Portrait im Irak allgegenwärtig ist. In jedem Kaffeehaus oder Supermarkt lächelt Saddam Hussein, den irakische Poeten so besingen: „Saddam führt die arabischen Massen zum Sieg. Wir folgen dir, o Saddam, denn du bist unser geliebter Führer."

Trotz seines kriminellen Machtgehabes wurde der begeisterte Tennisspieler und Liebhaber schneller Wagen zum geliebten Führer hochgejubelt. Seine Garage birgt einen BMW (wie übrigens auch Gaddafis), einen Mercedes und einen Maserati. Der Präsident hat in Bagdad sieben Häuser.

Im Juli 1979 übernahm Saddam Hussein das Präsidentenamt. Seine erste Amtshandlung: Er ließ 21 unliebsame, hohe Parteimitglieder als Verschwörer erschießen. Natürlich war der Herr Diktator persönlich anwesend. Solche Zeremonien können ihn wenig erschrecken, denn er ist abgehärtet genug. So hat er sich bei seinem mit zwölf anderen ausgeführten Maschinenpistolen-Attentat im Jahre 1959 auf den damaligen Diktator Kassem eine Kugel aus dem Schenkel herausoperiert, die ihm ein Leibwächter verpaßt hatte.

Dabei hatte alles recht harmlos angefangen. Als Sohn einer recht wohlhabenden Bauernfamilie wurde Hussein 1937 in Tikrit, einer kleinen Stadt 150 Kilometer von Bagdad entfernt, geboren. Sein erstes politisches Engagement mit 22 Jahren war eben dieses Attentat auf Kassem, das ihm in Abwesenheit die Todesstrafe einbrachte.

Seine Flucht brachte ihn über Syrien nach Ägypten, wo er Recht studierte und der Baath Partei beitrat. Diese revolutionäre Gruppe arabischer Nationalisten gewann die Wahl im Irak im Jahre 1968. Bald war Hussein als Vertreter des Staatschefs in Amt und Würden. Er, der 1963 seine Kusine heiratete und mit ihr vier Kinder hat, hat ein klares Ziel: Der Irak soll die Großmacht im Nahen Osten werden. Dabei scheut er kein Mittel. Die Streitkräfte von 242.000 Mann, die 2.850 Panzer, die 332 Kampfflugzeuge und 24 Kriegsschiffe sollen ihm zum Sieg verhelfen. Und dabei hilft ihm vor allem der, wie er meint, von Allah geschickte Ölreichtum, der dem Irak einen Anteil an der Welt-Erdölförderung von 4,5 Prozent zudenkt.

FAZIT

Viele Buchtitel der letzten Zeit waren mit dem Bild des wahnsinnigen Greises Khomeini geschmückt. Er war es auch, der die Weltöffentlichkeit auf die Renaissance des Islam erst richtig aufmerksam gemacht hat. Viele Fragen tauchen auf, vor allen Dingen, welche Rolle denn diese arabischen und mittelöstlichen Staaten in Zukunft spielen werden. Ich habe zu Beginn dieses Kapitels darauf hingewiesen, daß die Kapitel 17 und 18 aus der Offenbarung nun in einem viel klareren Licht erscheinen. Meines Erachtens gibt uns das Studium dieser biblischen Aussagen eine Antwort auf das bevorstehende Geschehen besonders in dieser Region.

Im 17. Kapitel der Offenbarung wird von einem weltumspannenden religiösen System gesprochen. In diesem Gebilde spielt der Islam eine herausragende Rolle. Er wird zuerst mit dem Antichristen gemeinsame Sache machen und, was das schlimmste ist, sich hervortun in der Verfolgung der wahren Christen. Die große Hure Babylon genießt eine kurze, aber weltweite Bedeutung.

Von der großen Stadt, im Gegensatz zu dem religiösen System aus Offenbarung 17, durch „deren Wohlstand alle reich wurden", spricht das 18. Kapitel. Unwillkürlich denken wir hierbei an das schwarze Gold, das diesen unermeßlichen Reichtum erst möglich machte. Wir sprechen von den reichen arabischen Staaten. Es handelt sich um den König des Südens, der nach dem Propheten Daniel (Kapitel 11) den Antichristen angreift.

Wir dürfen daher nicht den Fehler machen, den Antichristen im Islam zu suchen; denn er kann sich ja nicht selbst angreifen. Zudem würde die Beschreibung aus Offenbarung 13 für den Gegenspieler Jesu Christi nicht passen: „Und es wurde ihm ein Maul gegeben, das große Dinge und Lästerungen redete. Und es tat sein Maul auf zur Lästerung gegen Gott, zu lästern seinen Namen und sein Zelt und die im Himmel wohnen."

Die Muslime sind sich einig in ihrer Verurteilung der Christen, aber Allah, unter dessen Namen sie als monotheistische Religion Gott verstehen, verlästern sie nicht. Nach meiner Kenntnis wird der Antichrist kein religiöser Führer sein. So wird der Islam, diese neuerwachte Weltreligion, einen Beitrag zu der Welteinheitskirche der letzten Jahre leisten. Dabei wird er gleichzeitig seine gewonnene politische Macht nutzen.

Offenbarung 17	Große Hure Babylon	=	Welt-religionen	=	Welteinheitskirche
Offenbarung 18	Große Stadt Babylon	=	arabische Ölstaaten	=	König des Südens

Die besten Beispiele für die Verbindung religiöser mit politischer Macht geben uns bereits heute die regierenden Mullahs in Teheran. Nichts Gutes steht der Welt bevor. Die Ölscheichs und ihre Gesinnungsfreunde werden ihren Druck auf Israel fortsetzen und weiter die Terrororganisation PLO unterstützen. Sie werden ihre Erpressungsversuche gegenüber der westlichen Welt fortsetzen und ihren Reichtum ständig mehren.

Doch sie wissen, daß ihnen nur noch wenig Zeit bleibt, denn das Ende des Ölzeitalters naht.

Es wird ihnen jedoch nicht gelingen, Europa endgültig in die Knie zu zwingen. Die Allianz: Industrie (Europa) und Rohstoffe (Arabien), führt zu einem Machtgebilde, das den rasanten Aufstieg des Antichristen, der von einer Todeswunde genesen wird, beschleunigt.

Genau diese These der Allianz zwischen Finanzmacht und Industrie unterstreicht der Ölminister Saudi-Arabiens, Scheich Jamani. Ich zitiere die FAZ: „Die Ölländer besäßen Kapital, Öl und damit billige Energie, sagte Jamani; ihnen fehlten aber die Voraussetzungen für eine moderne, leistungsfähige Industrie. Über moderne Technologie, vor allem aus Westeuropa, verfügen zu können, sei daher entscheidend für ihre weitere Entwicklung. Daß diese legitimen Ansprüche der Ölländer von einigen europäischen Ländern anerkannt würden, nannte Jamani ein hoffnungsvolles Zeichen."

Wohl dem, der bei diesen oft anrüchigen Annäherungsversuchen für die richtige Sache streitet, nämlich für das christliche Zeugnis, und nicht manchem Politiker nacheifert, der sich des Öls wegen am liebsten auch gleich den muselmanischen Glauben ans Revers heftet. An für diese Sache falschen Vorbildern fehlt es auch in der Kirche nicht. So hat Papst Johannes Paul II. vor Muslimführern in Nairobi die gemeinsamen Werte des Katholizismus und des Islam hervorgehoben. Beide Glaubensrichtungen beteten zu dem einen, lebendigen, gnadenreichen und allmächtigen Schöpfer Himmels und der Erden.

Kein Wunder, daß die Deutsche Welle das Buch „Das Abendland am Scheideweg" deswegen abqualifizierte, weil es die „Gemeinsamkeit zwischen Christentum und Islam nicht betone." Es gibt keine Gemeinsamkeit. Jesus Christus sagt: „Ich bin der Weg, die Wahrheit und das Leben. Niemand kommt zum Vater denn durch mich."

Der Zehnerclub

Die arabischen Erdölproduzenten haben nur unbedeutende militärische Möglichkeiten. Sie sind schwache Gazellen im Dschungel der wilden Tiere. Wir müssen sie als Freunde daran erinnern. Sie würden schreckliche Gefahren auf sich nehmen, wenn sie so weit gingen, wirklich das wirtschaftliche und soziale Gleichgewicht der großen Industriemächte zu gefährden. Bevor es zu spät ist, müssen sie wissen, was über sie hereinbrechen könnte.

Senator Fulbright

Es ist absurd anzunehmen, daß Nordamerika, Westeuropa und Japan, die mehr als 80 Prozent des industriellen Potentials der Welt auf sich vereinen, zusehen werden, wie ihr wirtschaftliches Wachstum von einigen arabischen Potentaten, die insgesamt weniger als 1 Prozent der Weltbevölkerung repräsentieren, zunichte gemacht wird.

Economist (Englisches Wirtschaftsblatt)

In diesem Kapitel werden wir die wichtigste Frage dieses Buches zu klären haben. Wird Europa zu einer Weltmacht heranwachsen oder nicht? Die Regierungschefs der EG-Staaten trafen sich am 11. Juli 1980 in Bonn, um zu proklamieren, daß Europa künftig eine neue, größere Rolle auf der Weltbühne spielen wird. Der französische Ex-Staatspräsident Valéry Giscard d'Estaing war sich mit dem deutschen Bundeskanzler einig, daß der Einfluß Europas auf die Welt verstärkt werden müsse.

In einem immer größeren Ausmaß verliert man in Europa das Vertrauen zu dem Bündnispartner Amerika. Man stellt sich die Frage, ob die Weltmacht jenseits des Atlantik überhaupt bereit und in der Lage ist, einen nuklearen Angriff der Sowjets auf Europa abzuwehren. Deswegen versuchen die europäischen Staaten sich mit dem Ostblock zu arrangieren. Ist es da noch verwunderlich, wenn die Bundesrepublik während des Einmarsches der Russen in Afghanistan einen 25-Jahresvertrag (Wirtschaftspakt) mit der Sowjetunion unterzeichnet?

Ich gehe davon aus, daß Europa auf dem Scherbenhaufen seiner politischen, finanziellen und nun wohl auch militärischen Inkompetenz an straffe Zügel genommen wird, um durch seine wirtschaftliche Stärke das Schicksal des Westens zu lenken. Zuvor jedoch wird die Gemeinschaft immer wieder neu an ihre Grenzen stoßen, und der Ruf nach der einigenden Kraft wird immer lauter werden.

Vielleicht scheint uns das Wort „Scherbenhaufen" ein wenig zu grob gewählt. Aber betrachten wir nur den wirtschaftspolitischen Zustand der Bundesrepublik Deutschland zum Zeitpunkt der Haushaltsdebatte im Deutschen Bundestag im Sommer 1981, so finden wir diese Vokabel bestätigt. „Untergang", „finanzielles Fiasko", „furchtbares Defizit", so und ähnlich lauteten die Bezeichnungen der Bundestagsabgeordneten für die Wirtschafts- und Finanzpolitik. Regierungskoalition und Opposition sind sich hierbei ausnahmsweise ziemlich einig. Schon stellt man Überlegungen an, wie das soziale Netz, das einige

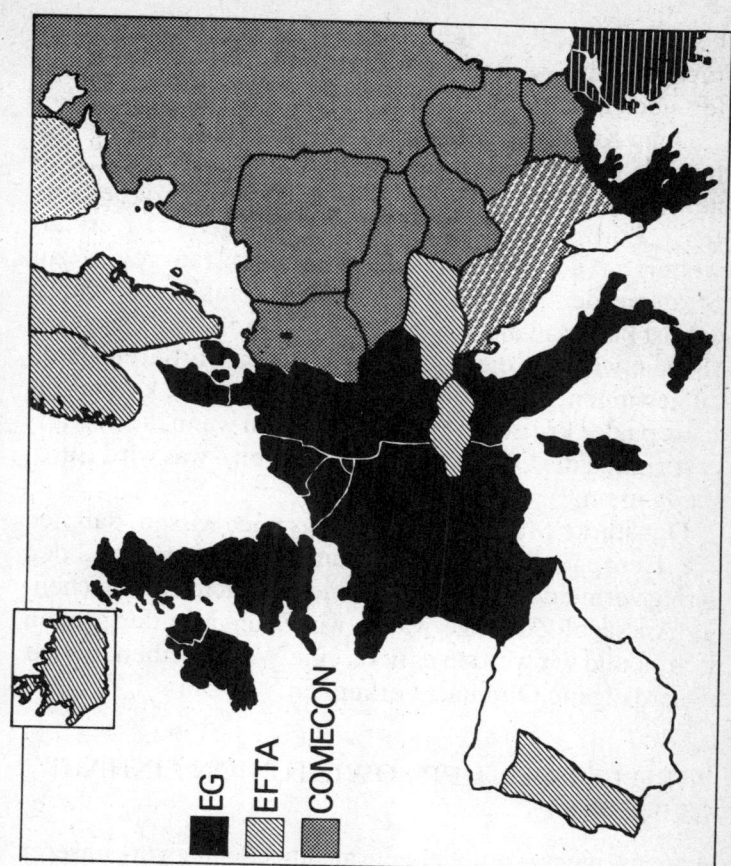

EG

EFTA

COMECON

bereits eine soziale Hängematte nennen, ganz schnell zurückgeknüpft werden kann. Es besteht derzeit kein Zweifel: noch befindet sich Europa in einer schweren Krise.

Deng Xiao-ping, Chinas erster Mann, geht in einem Interview mit der Reporterin Oriana Fallaci in der „Welt am Sonntag" am 14. September 1980 so weit zu behaupten: „Europa ist mit Blindheit geschlagen." Er erklärt weiter: „Auch die Invasion in Afghanistan gehört zur Strategie der Sowjets, Europa auszuflankieren." Oder: „Es ist klar, daß die Sowjetunion den Indischen Ozean erreichen will, um die Kontrolle über den Mittleren Osten zu gewinnen. Wenn dieser Plan vollendet ist, kommt für Europa der kritische Augenblick, denn wenn die Sowjets erst einmal die Ölreserven kontrollieren – was wird Europa dann tun?"

Der starke Mann Chinas läßt uns noch wissen, daß sich die Europäer mit der Hoffnung selbst betrügen, den Krieg vermeiden zu können. Eine wahrlich angstmachende Aussage! Zu lange waren wir Zaungäste der großen Politik und wir werden es noch eine Weile bleiben, bis wir unsere eigene Ohnmacht erkennen.

WIRD EUROPA DER SOWJETUNION EINHALT GEBIETEN?

Appeasement – ein viel gebrauchtes Schlagwort unserer Zeit. Heute trägt die neue Politik der Entspannung nur zur Schwächung des Westens bei. Schon vor dem Zweiten Weltkrieg wurde Entspannungspolitik betrieben. Chamberlain und Daladier traten für Appeasement gegenüber Hitler ein. Heute verhalten sich einige Länder des freien Westens genauso wie Chamberlain und Daladier Ende der dreißiger Jahre. Als Frau Fallaci in dem erwähnten Interview Deng fragte: „Wollen Sie damit sagen, daß Helmut Schmidt und Giscard d'Estaing unbewußt das Spiel der Sowjetunion spielen?" antwortete Deng so: „Ich will damit sagen, daß sich bestimmte Leute über die

Gefahr nicht im klaren sind und daß die von diesen Leuten angewandten Methoden nicht weise sind."

Wenn wir nicht davon ausgehen könnten, daß Moskau seine Vorherrschaft in einem Nahostkrieg einbüßt, dann müßte auch den Europäern angst und bange werden. Der „Mannheimer Morgen" nennt das Geschehen „erschreckend": „Die sowjetische Überlegenheit an nuklearen Mittelstreckenraketen in Europa ist an sich schon erschreckend genug. Noch erschreckender ist es, der Frage nachzugehen, wie sie entstanden ist. Die sowjetische Überrüstung wurde in den 70er Jahren der Entspannung konzipiert und realisiert, als die USA ihre Truppen in Westeuropa von 434.000 auf 300.000 Mann reduzierten und 1.000 nukleare Sprengköpfe aus Europa abzogen. Im gleichen Zeitraum steigerte die UdSSR ihre Truppenstärke an den Grenzen nach Westeuropa von 26 auf 31 Divisionen bei gleichzeitiger Erhöhung der personellen Divisionsstärke, während sie in Wien die Truppenverminderungsverhandlungen blockierte."

Die gegenwärtige Kampagne Moskaus gegen den NATO-Doppelbeschluß, amerikanische Mittelstreckenwaffen in Europa zu stationieren, würde, falls sie Erfolg hätte, Moskau in wenigen Jahren eine Überlegenheit von 10 : 1 (heute 8 : 1) einbringen.

Schon vor Jahren begegnete mir in christlichen Kreisen die Meinung, daß wir in Deutschland kurz vor einem Übergriff der Russen stünden. Nach meinem Verständnis der biblischen Prophetie ist dies eine falsche Beurteilung. Europa wird zu einer Weltmacht heranreifen, und ich bin überzeugt, daß die meisten meiner Leser noch Zeugen dieses Geschehens sein werden. Aber ich weise noch einmal sehr eindrücklich darauf hin, daß die Weltgeschichte immer wieder bewiesen hat, daß nur aus den Niederlagen zuvor und aus dem Chaos eine neue Supermacht zum Vorschein kommt. Die Diktatoren unserer Zeitgeschichte sind fast ausnahmslos aus den Trümmern ihrer Länder hervorgekommen.

Noch allerdings scheint uns so vieles nicht zu gelingen. Der Journalist Matthias Walden überschreibt dieses Nichtgelingen in einem Leitartikel in der „Welt am Sonntag" vom 28. September 1980 zum Iran-Irak-Konflikt mit dem Wort „Ohnmacht".

„Wieder wird geschossen und gestorben. Blut und Leichen, Grüfte und Gräber, Tränen und Trauer. Und Ohnmacht. Die Friedensforscher schweigen. Die UNO läßt die Maschinerie ihrer in solchen Fällen üblichen Betriebsamkeit anlaufen – Leerlauf der Worte, Warnungen, Appelle, Proteste, Kommentare, Resolutionen – man kennt das. Es ändert sich nichts, sondern erhöht durch den Anschein der Einwirkung nur die internationalen Verlegenheiten.

Europa sorgt sich um Öl. Wie immer. Doch da ist keine Chance der Vermittlung ... Die Ratlosigkeit der Zaungastrolle verkleidet sich diplomatisch: 'Nichteinmischung'.

Europa will sich nicht einmischen. Noch nicht einmischen. Will die NATO denn nirgends zuständig sein? Ist denn niemand zuständig? Aber die Sowjets stehen in Afghanistan, unweit des irakisch-iranischen Kriegsschauplatzes. Gewinnt der Überfall des Kreml auf das neutrale Land nicht spätestens jetzt seinen zynischen Sinn?

Für die Sowjets endet die Nichteinmischung immer dort, wo ihre Interessen, ihre Begehrlichkeiten, ihre Zugriffschancen beginnen. Während der Westen damit beschäftigt ist, sich über Israels Jerusalem-Gesetze und seine Siedlungspolitik zu entsetzen, Arafat zu hofieren, mit Breschnew 'Dialoge' zu führen und politische Rutsch-Prozessionen zu den Ölquellen zu unternehmen, handeln andere – gewalttätig, grausam, rücksichtslos.

Wieder ist ein Stück Frieden zerbrochen. Und mit ihm ein weiteres Stück westlicher, naiver, ohnmächtiger und hasenfüßiger Hoffnung."

Aber Europa wird nicht so naiv, hasenfüßig und ohnmächtig bleiben. Jedenfalls nicht mehr lange.

Im Moment hält uns der Würgegriff des Ölmangels in der Defensive. Wir stehen auf einem schwachen Fundament. Seit die OPEC im Jahre 1973 bei aller Instabilität der beteiligten Länder zum Marsch gegen die Industrienationen blies, weht uns „Wohlhabenden" eine steife Brise ins Gesicht. Die autofreien Sonntage haben wir ja vielleicht noch als mehr oder weniger amüsantes Erlebnis am Wochenende empfunden, aber die Internationale Energieagentur führt uns vor Augen, auf was wir uns einzustellen haben, wenn ca. 30 Prozent der Ölimporte ausfallen. Dann ist von Rationierung die Rede, von einer Situation, die einem militärischen Verteidigungsfall gleichkommt.

Die OPEC weiß, daß sie wenig Zeit hat, um ihre Ziele durchzusetzen. Denn die Ölvorräte reichen nur noch für wenige Jahrzehnte. Der Westen schaut atemlos jeder OPEC-Konferenz zu, um herauszufinden, ob die gemäßigte Gruppe unter der Führung Saudi-Arabiens (Jamani) oder die Radikalen mit Iran, Libyen und Algerien die Oberhand behalten. Wehe uns, wenn die Radikalen siegen!

Für Europa ist die Frage entscheidend, ob uns durch die verwöhnten, fetten Jahre noch Widerstandskraft, Durchsetzungsvermögen und der Mut zum Wohlstandsverzicht übriggeblieben sind. Diese charakterlichen Stärken finden sich nur selten bei einem Volk, das sich im Zustand der Dekadenz befindet.

NATO IM HINTERTREFFEN

Die Gleichgültigkeit, die oft einseitige Entspannung mit Ländern des Warschauer Paktes, hat die Westeuropäer ins Hintertreffen gebracht. Während der NATO-Manöver im September 1980 konnten es sich die Belgier mit dem Hinweis auf die Ebbe in ihrem Staatshaushalt sogar leisten, an den Herbstmanövern nicht teilzunehmen.

Trotz des Ungleichgewichts nicht nur im deutschen

Staatshaushalt wurden im Jahre 1980 in der Welt mehr als 900 Milliarden Mark für Militärrüstung ausgegeben. 80 Prozent dieser Summe investieren der Warschauer Pakt und die NATO. Gegenüber dem Vorjahr sind die Aufwendungen um mehr als zehn Prozent gestiegen.

Trotz aller Anstrengungen ist die NATO nur bedingt verteidigungsfähig. Zum Beispiel sind die italienischen Streitkräfte nicht in der Lage, einen Angriff abzuwehren. Das erklärte der italienische Verteidigungsminister. Wörtlich sagte er: „Wenn es Krieg gäbe, könnten wir nicht einmal einen Monat lang standhalten." Die strategischen Zielvorstellungen der NATO sehen jedoch vor, daß die europäischen Mitgliedsländer in der Lage sein sollen, einen Angriff dreißig Tage lang abzuwehren. Das ist die Zeit, die die NATO braucht, um Hilfe aus Übersee heranzuschaffen.

Warum nur präsentieren sich die westlichen Verbündeten im internationalen Orchester so wenig streichfähig? Die EG hat ca. 260 Millionen Einwohner, die eine Wirtschaftsleistung von 2.380 Milliarden Dollar produzieren. Das ist Weltspitze, zusammen mit den USA (2.340 Mrd.). Was also fehlt noch, um gemäß der wirtschaftlichen Potenz die erste Geige in dieser Welt zu spielen?

So sagt Frankreichs Staatspräsident, Europa müsse seine Weltgeltung zurückgewinnen (FAZ 11.11.1980). In einem Abschlußkommuniqué zum Ende der Beratungen von Frankreichs erstem Mann und dem deutschen Bundeskanzler war nachzulesen: „Es muß mit der Anomalie Schluß gemacht werden, die darin besteht, daß sich Europa seit dem letzten Krieg aus den Angelegenheiten der Welt heraushält."

Aber es fehlt an der politischen Einheit. Die Gründerväter der EG haben diese politische Union immer wieder beschworen und sie als das wahre Ziel ihrer Einigungsbestrebungen gesehen.

Das weltpolitische Fünfeck

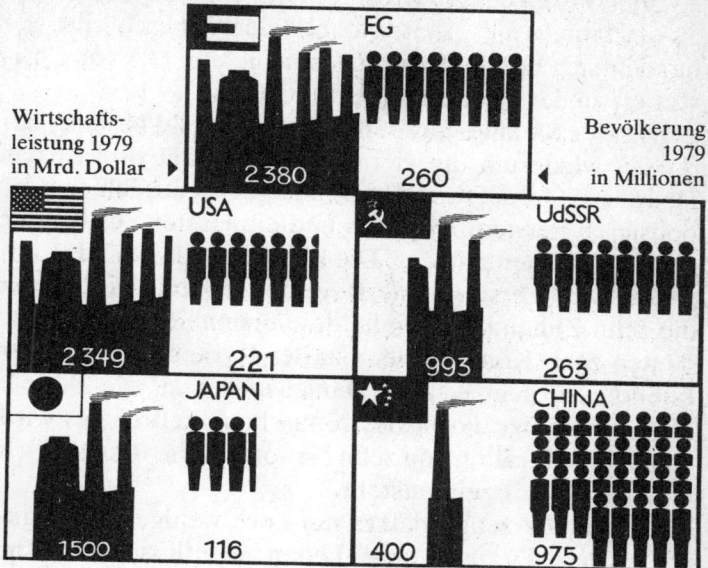

Wirtschafts-
leistung 1979
in Mrd. Dollar ▶

Bevölkerung
1979
in Millionen

EG 2.380 260

USA 2.349 221

UdSSR 993 263

JAPAN 1500 116

CHINA 400 975

DANIEL KENNT DIE ZUKUNFT

An dieser Stelle müssen wir einen kleinen Abstecher zu
dem alttestamentlichen Propheten Daniel machen. Zur
Zeit der Königsherrschaft des babylonischen Regenten
Belsazar hatte Daniel einen Traum. In dieser Vision sah
er vier Tiere, die vier Weltreiche darstellten. Es besteht
wenig Zweifel daran, daß der Löwe Babylon und der Bär
Persien symbolisiert. Der Panther steht für die Großmacht Griechenland unter Alexander dem Großen. In
dem vierten Weltreich Rom finden wir den Löwen, den
Bären und den Panther wieder.

Der Grundstein für Daniels späteren Aufstieg zu seiner
machtvollen Position im Reiche Nebukadnezars lag in

seiner Fähigkeit, Träume zu deuten. Nebukadnezar sah in einer Vision ein großes Standbild, das nach der Auslegung Daniels die „Zeiten der Heiden" beschreibt. Es handelt sich um die lange Zeitspanne von 605 vor Christus bis zu der Wiederkunft Jesu Christi.

Die vier Metalle, aus denen das Standbild besteht, bedeuten wiederum die vier Weltreiche. Babylon ist das Haupt aus Gold. Die Arme und die Brust aus Silber symbolisieren Persien. Der Leib und die Hüften aus Kupfer stellen Griechenland dar. Die Beine aus Eisen sind Rom.

Das wiedererstarkende Rom der Endzeit wird durch die zehn Zehen des Standbildes versinnbildlicht: sie bedeuten zehn Königreiche. Charles Ryrie schreibt in der Fußnote zu dem Kapitel Daniel in der „Ryrie Bible": „Die endgültige Form des römischen Weltreiches wird eine Konföderation von zehn Nationen sein, die plötzlich in der Drangsalszeit entsteht."

Ich bin überzeugt, daß es nur noch wenige Jahre dauert, bis diese Drangsal unser Leben beeinflussen wird. Ihr Leben, mein Leben, und zwar auf eine furchtbare Art und Weise. Es wird eine Zeit schrecklicher Prüfungen sein, „die über den ganzen Erdkreis kommen wird, um alle auf die Probe zu stellen, die auf Erden wohnen" (Offenbarung 3,10). Wer nicht auf die „Entrückung" vor dem Chaos hoffen kann, für den kommt das Schlimmste noch.

Schon heute sind die Gewitterwolken zu sehen. Wie tröstlich, daß derselbe Satz aus Offenbarung 3 so beginnt: „Weil du mein Gebot bewahrt hast, geduldig zu sein, will ich dich auch bewahren vor der Stunde der Versuchung." Die Stunde der Versuchung ist die Zeit, in der die Gerichte Gottes in einem nie gekannten Ausmaß diese Erde und ihre Bewohner treffen werden. Nachdem Johannes auf Patmos die Sendschreiben an die kleinasiatischen Gemeinden erhalten hatte, hörte er eine Stimme, die zu ihm sagte: „Komm herauf, ich will dir zeigen, was künftig geschehen muß." So dürfen die wahrhaft Wiedergeborenen nach diesen Mitteilungen (Sendschreiben) an die Gemeinden glauben, daß sie, bevor die Gerichte (ab Offenbarung 6) beginnen, wie Johannes den Zuruf hören: Komm hier herauf!

Frühere Kriege, Katastrophen und Nöte sind trotz all ihrer Schrecken nicht mit der „großen Trübsal" gleichzusetzen. Denn ihnen fehlte es an Heftigkeit, am weltweiten Ausmaß und an der endzeitlichen Bedeutung.

Wie vernichtend jedoch die nahende Weltkatastrophe auch sein wird, sie bedeutet nicht das Weltende. Die Welt wird in dieser Zeit von schrecklichen Gerichten heimgesucht werden, aber weder wird die Erde selbst der Vernichtung anheimfallen noch die Menschheit völlig ausgelöscht werden.

Hunderte von Voraussagen des Alten Testaments sind viele Jahrhunderte später haargenau eingetroffen. Entscheidend ist, daß auch der unbedeutendste Vorgang seine exakte Erfüllung gefunden hat. Es ist also doch logisch, wenn alle noch ausstehenden Voraussagen der Bibel ebenso ihre vollständige Erfüllung finden. Es ist eine der unverantwortlichsten, ja unfaßbarsten Fahrlässigkeiten unserer Zeit, diese simple, ja fast statistische Schlußfolgerung nicht zu ziehen.

Es ist mir völlig unerklärlich, daß ein denkender Zeitgenosse so eine verläßliche Bezugsquelle wie die Bibel nicht konsultiert, um zumindest eine Antwort auf sein eigenes Schicksal zu bekommen. Ein amerikanisches Ehepaar erzählte mir von einer steinreichen Familie aus Diepholz. Der Familienvater, ein würdiger, verdienter Unternehmer, hatte sich entschieden, seine Betriebe zu verkaufen, um nach Amerika auszuwandern. Warum? Weil er davon überzeugt ist, daß in allernächster Zeit die Russen Europa, und in diesem Fall Deutschland, überfallen. – So wird die Angst und die Ratlosigkeit bald überall kursieren.

Die Trübsal wird sieben Jahre dauern. Sie ist gekennzeichnet durch einen Vertrag (Daniel 9,27), den der

Zehnstaatenbund mit Israel schließen wird. Durch dieses Vertragsgebilde wird meines Erachtens gleichzeitig die Palästinenserfrage geklärt und eine vernünftige Vereinbarung mit den Ölerzeugerländern getroffen. Auch die Dritte Welt wird ihre schlimmsten Probleme zumindest vorübergehend gelöst finden.

Die ersten dreieinhalb Jahre dieser Schreckenszeit werden eine Periode des Friedens sein. Was allerdings dann folgt, haben diese Erde und ihre Bewohner noch nie erlebt.

SCHALTZENTRALE ROM, BRÜSSEL ODER STRASSBURG

Europa ist politisch und militärisch ins Hintertreffen geraten, jedoch wirtschaftlich nach wie vor die Nummer eins in der Welt. Es bleibt aber das wahre Ziel der EG, sich zu einem einzigen Land zusammenzuschließen.

Warum nun können wir davon ausgehen, daß das kommende Weltgeschehen, vor allen Dingen die schrecklichen dreieinhalb Jahre (die zweite Hälfte der Drangsal) seinen Ausgangspunkt in Europa hat? Die Voraussage Daniels bezieht sich auf das wiedererstandene Römische Reich. Heute stellt sich dieses geographische Areal als die größte Einheit seit Karl dem Großen im Jahre 814 dar.

Zur Zeit Jesu Christi dehnte sich das Römische Reich vom Euphrat im Osten über Kleinasien und Süd-Europa bis zur Donau und dem Rhein aus. Es umfaßte die Gebiete der heutigen Türkei, Bulgarien, Rumänien, Jugoslawien, Italien, Albanien, Schweiz, Österreich, Ungarn, Spanien, Portugal, Frankreich, Belgien, Holland, Luxemburg, England, Teile von Deutschland, Marokko, Algerien, Tunesien, Ägypten, Syrien, Jordanien, Irak und ganz Israel. Darüber hinaus reichte die Einflußsphäre bis nach Persien und in die UdSSR.

Das Reich des Antichristen muß keine geographische

Identität mit dem Machtblock um die Zeit Jesu Christi haben. Jedoch läßt die Erwähnung der Stadt Rom als eine Stadt mit sieben Hügeln in der Heiligen Schrift auf Rom in unserer heutigen Zeit schließen. Am 25. März 1957 wurde in Rom mit den sechs Ländern Bundesrepublik, Frankreich, Italien und den Benelux-Staaten die Europäische Gemeinschaft gegründet. Heute sind es zehn Staaten, so wie die zehn Zehen des Standbildes Nebukadnezars es voraussagen.

Die wirtschaftliche Exekutive der EG befindet sich in Brüssel, wo sich die Minister und Staatschefs der Gemeinschaft, ja oft der ganzen Welt, fast regelmäßig zu Konsultationen treffen.

Ganz neu ins Blickfeld gerückt ist Straßburg, die Stadt im Elsaß. Vor kurzer Zeit besuchte ich dort das Europaparlament. Ich hatte erwartet, daß sich das reiche Europa in der herrlichen Orangerie mit seiner künftigen politischen Machtzentrale etwas gewandter, kunstvoller, architektonisch gelungener präsentieren würde. Zu finden ist aber ein technischer, dunkler Mammutkasten. Wie wenig ist doch übrig geblieben von dem kunstbeflissenen Westen, der sich hier im Osten Frankreichs so wenig einladend präsentiert.

Nun, es ist nicht ganz fair, wenn ich hier meine eigene Meinung weitergebe, da es sich für manchen Betrachter vielleicht ganz anders ausnimmt. Ihm mögen die neun Stockwerke auf 976 Betonpfeilern, zehn Meter in den Boden gegossen, imponieren. Ihm mag das Halbrund des Versammlungssaales gefallen oder die drei Farben des Gebäudes: Rot (Kunststeinplatten aus Vogesensandsteinsplit), Silber (eloxiertes Aluminium) und die goldbraun reflektierenden großen Glasflächen.

Die Frage, die uns bewegt, lautet: Ist das Europapalais der Sitz, die Schaltzentrale einer künftigen Weltregierung? Wird das, was sich derzeit eher bescheiden ausnimmt, einmal von so weitreichender Bedeutung sein? Wenn wir heute die Tagesnachrichten sehen und hören, können wir immer wieder feststellen, daß das Europaparlament zunehmend in den Mittelpunkt des Interesses rückt. Es ist also eine Frage der Zeit, wann sich die am 17. Juli 1979 gewählten 420 Abgeordneten außer den Fragen der Menschenrechte, der Kultur, der Jugend, des Rechts, der Umwelt und der Presse auch militärischen und politischen Fragen zuwenden.

So viele Fragen warten auf ihre Beantwortung. Wann endlich findet sich die Integrationsfigur, die die Probleme, wie die Palästinenserfrage, die Energiekrise und den Nord-Süd-Konflikt löst?

DIE INTEGRATIONSFIGUR WIRD GESUCHT

Der Antichrist hat viele Vorläufer. So ist man sich einig über die antichristlichen Wesenszüge eines Antiochus IV Ephiphanes, der im Tempel Schweine opferte. Er ließ im Jerusalemer Tempel einen heidnischen Altar errichten, an dem dem griechischen Gott Zeus geopfert wurde. Genauso unumstritten antichristlich ist die fatale Politik eines Adolf Hitler, die Millionen Juden das Leben kostete. Ist die Beurteilung der Hitlerschen Politik wirklich so unumstritten? Schon kann man wieder Zeitungsüberschriften finden wie „Hitlers Urenkel dürfen nicht unterschätzt werden".

Untersuchungen über Neonazis beweisen uns, wie erschreckend viele junge Menschen bereit wären, einen Größenwahnsinnigen wie Adolf Hitler wieder zu akzeptieren. Es ist besorgniserregend, wenn die Zahl der aktiven Neonazis allein in der Bundesrepublik zusammen mit den Sympathisanten auf Hunderttausende geschätzt wird. Monat für Monat werden 500.000 bis 600.000 Exemplare nationalsozialistischer Presseerzeugnisse verteilt. Spenden für rechtsradikale Gruppen gehen zu Hunderttausenden ein.

In einer Untersuchung von Günther Bernd Ginzel, die unter dem Titel „Hitlers Urenkel" (Droste Verlag, Düsseldorf, 1981) veröffentlicht wurde, sind fünfzehn größere Neonazigruppen genannt, die gegenwärtig aktiv sind. 23 Prozent der neuen Hitler-Anhänger sind unter zwanzig Jahren, 46 Prozent zwischen 20 und 30 Jahren. Nach Ginzel ist diesen Gruppen die Forderung nach einer totalitären Regierungsform mit Führerprinzip, ein die Völkerverständigung mißachtender Nationalismus, Antisemitismus, Verharmlosung der Greueltaten im Dritten Reich („Ausschwitzlüge") und ein Haß gegen die Ausländer gemeinsam.

In einer Studie, der eine Befragung von 843 Schülern aller Schularten zugrundeliegt, kommt der Frankfurter Soziologe Klaus Schatzky zu einem ähnlichen Ergebnis: „22,1 Prozent der Befragten stimmten der Aussage 'unsere Väter/Großväter waren Helden. Schluß mit der Sechs-Millionen-Lüge und der Kriegsschuldlüge' zu. Für eine Aufhebung des NSDAP-Verbotes sprachen sich 13,1 Prozent aus, für die 'Wiederherstellung der Ehre Adolf Hitlers' 9,8 Prozent. Mehr als 18 Prozent meinten, wer Lügen über Hitler verbreite, sei ein 'Schwein und gehört ins Arbeitslager oder in eine Nervenklinik'. 22,8 Prozent glauben, daß die sozialen Probleme gelöst werden, 'wenn wir irgendwie die arbeitsscheuen Verbrecher und die Geisteskranken aus der Gesellschaft ausmerzen könnten'." Diese Ergebnisse veröffentlichte die Wetzlarer Neue Zeitung.

Die „eurofaschistische Szene" ist im Kommen. Noch fehlen gemeinsame Strukturen, eine zentrale Steuerung, eine operative Planung und eine Dachorganisation. Auch der französische Politiker und Journalist Servan-Schreiber vermutet irgendwo einen Supermächtigen, der die Probleme des Westens und die der islamischen Länder löst. „Wenn sie sich nun beide in künftiger Unterstützung für die Entwicklungsländer einsetzen, dann wird die Welt schon bald wieder in friedlichem Miteinander leben" – so meint er.

Jean-Jacques Servan-Schreiber zeigt in seinem neuen

Buch „Die totale Herausforderung" seinen Ausweg aus der Krise. Es ist ein Ausweg nach humanistischer Denkart. Auf die Frage, ob es denn möglich sei, aus Terroristen und Radikalen zufriedene Bürger zu machen, gab er auf einer Pressekonferenz in Frankfurt zur Antwort: „Dafür gibt es natürlich keine Garantie."

Taif, ein kleines Bergdorf, fünfzig Meilen von Mekka entfernt, sollte die große Wende bringen. Nach Servan-Schreiber zwingen die Ölstaaten den Westen zur vorbehaltlosen Unterstützung der Entwicklungsländer. Aber diese große Wende war nicht einmal Gegenstand der Erörterungen im Februar 1981. Servan-Schreiber hat sich gründlich verrechnet. Saudi-Arabien unter König Chalid nutzte die Superveranstaltung, für die er sage und schreibe drei Milliarden Mark ausgab, zu einer Demonstration für Mekka und Mammon. Heraus bei diesem tollen Gehabe kam nichts, da die wichtigsten Partner sich nicht einfanden. Erst gar nicht eingeladen war der „Verräter" Sadat, Libyens Gadaffi zog es vor, nicht zu erscheinen, und Irans Bani-Sadr blieb wegen des Konflikts mit Irak fern.

Warum nun sehen so viele bedeutende Männer unserer Zeit die Notwendigkeit, einen Weltherrscher einzusetzen? Weil der Westen mit seinem Latein am Ende ist.

Daß Europa so abrupt in eine Krise hineinschlittern würde, das hatte noch vor wenigen Monaten kaum jemand vorauszusagen gewagt. Ich möchte auf den nächsten Seiten aufzeigen, wie Europa nach dem zweiten Weltkrieg zu einem wahren Wirtschaftswunderland wurde, zu einem gigantischen Wirtschaftskoloß heranwuchs, aber dieses Erbe in den achtziger Jahren zu verspielen scheint. Wir werden jedoch sehen, wie hinter den Kulissen starke Kräfte alles daransetzen, um die westliche Hemisphäre wieder „auf Vordermann" zu bringen. Angefangen von dem nach dem zweiten Weltkrieg in Bretton Woods, einem Ort in New Hampshire (USA), von 44 Staaten beschlossenen Währungs- und Finanzabkommen bis hin zu einem starken politischen und wirtschaftlichen

„Westbündnis" ist alles darauf angelegt, dem alten Römischen Reich wieder zu neuem Glanz zu verhelfen.

ES BEGANN MIT BRETTON WOODS

Vor dem zweiten Weltkrieg wurde der Welthandel durch wenige Nationen (Frankreich, Holland, England, Portugal und USA) beherrscht. Sie hatten hohe Schutzzölle um ihre eigene Industrie gelegt. Nach dem Zweiten Weltkrieg, als jeder Staat seine politische und wirtschaftliche Unabhängigkeit verloren hatte, konnte dieses System nicht übernommen werden. So machten sich Wirtschaftsfachleute daran, ein neues System, Bretton Woods, zu entwickeln (Harry Dexter White und John Maynard Keynes).

Nun schien eine Problemlösung gefunden. Es waren die festen Wechselkurse, die von der Weltbank kontrolliert werden sollten.

GATT (General Agreement on Tariff and Trade) wurde ins Leben gerufen. Mitgliedern des GATT wurde gestattet, beim Export von Waren von Schutzzöllen befreit zu werden. So nahm der Welthandel einen Riesenaufschwung unter der Führung der USA.

Nun stellen wir in den letzten Jahren fest, daß die USA immer stärkere Einbußen hinnehmen müssen. Der Dollar verlor vorübergehend seine Stabilität. Denn Amerika hat unter den drei Blöcken des Westens – Europa, Japan, USA – am längsten und am beharrlichsten eine Politik der Kurzsichtigkeit betrieben. Es scheint fast, als sei diesem großen Land, das so viele Opfer gebracht, soviel Verantwortung auf sich genommen, so viele Glanzleistungen vollbracht und schließlich die Sorgen der gesamten Welt auf seine Schultern geladen hat, in letzter Zeit einfach die Luft ausgegangen. Ob Ronald Reagan noch einmal eine Trendwende gelingt, mag dahingestellt bleiben.

Die Europäer und Japaner sind mittelfristig auf dem

Vormarsch. Das System von Bretton Woods ist nicht mehr durchzusetzen. Ende der 60er Jahre brach es zusammen. Die Gesetze Keynes, die den Westen groß machten, sind heute nicht mehr anwendbar.

DIE „TRILATERALE KOMMISSION"

Rockefeller (der ehemalige Vizepräsident der USA und mit seiner Familie einer der einflußreichsten Finanziers der Welt), der bereits das „Council of Foreign Relations" kontrollierte (das die meisten Top-Positionen in den USA besetzte), kam nun auf die Idee, mit Breczynski (Ex-Präsident Carters Sicherheitsberater) die „Trilaterale Kommission" zu gründen, die inzwischen über 75 Prozent der politischen Ämter kontrolliert. Breczynski, Blumenthal, Brown, Cyrus Vance, Alexander Haig, Bush, Anderson und andere gehören ihr an.

Die „Trilaterale Kommission" stützt sich auf die drei Pfeiler: wirtschaftliche und politische Macht und Kontrolle dieser beiden Faktoren – ein großes Machtgebilde.

Dabei war es wichtig, daß die USA ihre Position, die absolute Nr. 1 im Westen zu sein, aufgaben, da eine Harmonisierung der Wirtschaftsmächte für dieses internationale System notwendig ist. Schlägt nun die Stunde für Europa?

Können wir hier ein wenig verstehen, warum sich Amerika über viele Jahre hinweg einen schwachen Präsidenten (Carter) und nun einen Ex-Schauspieler (Reagan) leisten kann? Ich glaube, daß das Wiedererstarken Amerikas nur von kurzer Dauer sein wird. So bestätigt es beispielsweise der weltbekannte Wirtschaftsprofessor Galbraight.

Die trilaterale Kommission hat sich folgende Ziele gesetzt:

1. Wirtschaftskontrolle
2. eine freie Welt
3. Zusammenarbeit mit der OPEC.

Sollten diese drei Ziele erreicht werden, dann ist auch ein internationales Geldsystem in den Griff zu bekommen, sowie die Ausbeutung der Ozeane, des Luftraums und der Nord- und Südpole voranzutreiben.

Wenn die Machtpolitik so im geheimen geschieht, stehen wir in der Gefahr, die vielfachen Machenschaften zu unterschätzen. Aber wir dürfen ganz gewiß sein, daß die trilaterale Kommission oder der „Council of Foreign Relations", wie sie heute noch vielfach genannt wird, mit aller Macht und Deutlichkeit die Ziele einer Einheitsweltregierung, einer Weltbank (die es bereits gibt) und einer Weltwährung verfolgt. Welchen Einfluß diese Gruppe bereits heute ausübt, mag uns ein Artikel aus dem Londoner „Daily Mirror" verdeutlichen:

„Einer der bemerkenswertesten Erfolge der trilateralen Kommission war die Wahl Jimmy Carters zum US-Präsidenten im Jahr 1976. Während eines Mittagessens in London im Herbst 1972 entschied Rockefeller, Jimmy Carter, einem damals recht unbekannten Mann, zur Präsidentschaft zu verhelfen. Er lud Carter zur Mitgliedschaft in der 'Kommission' ein, und Carter sagte zu.

Darum war es auch nicht erstaunlich, daß Carter, einmal zum Präsidenten gewählt, die meisten seiner Kabinettsmitglieder aus den 63 amerikanischen Mitgliedern der Kommission auswählte wie Breczynski, Cyrus Vance, Walter Mondale, Harold Brown, Michael Blumenthal und Andrew Young."

Hier wird also handfeste Politik gemacht, und das gilt auch für Europa. Im Frühjahr 1981 wurde eine hochinteressante Studie unter dem Titel „Die Sicherheit des Westens: Neue Dimensionen und Aufgaben" veröffentlicht. Verantwortlich für diese Dokumentation zeichneten der „Council of Foreign Relations" (trilaterale Kommission) in New York, „The Royal Institute of International Affairs" für Großbritannien, das „Institut Français des Relations Internationales" für Frankreich und die „Deutsche Gesellschaft für Auswärtige Politik" +) in Bonn. Inhalt des Schriftstückes war der Entwurf einer weltweiten, gemeinsamen Politik der vier Westmächte USA, Frankreich, Großbritannien und der Bundesrepublik mit der Maßgabe, die Geschicke der internationalen Politik wieder fest in den Griff zu bekommen, und zwar unter Einbezug des Nahen Ostens.

Hier sehen wir meine Mutmaßung bestätigt: Die westlichen Länder besinnen sich auf ihre noch verbliebene wirtschaftliche Stärke in dem klaren Bewußtsein, daß sie nur zusammen mit den reichen Ölerzeugerländern vernünftige Weltpolitik betreiben können. Seien wir uns aber im klaren darüber, daß diese in die Praxis umgesetzten Forderungen letztlich ein willkommenes Handwerkszeug für den kommenden Weltdiktator darstellen.

DIE SIEBEN SCHWESTERN

In der Zeitschrift „Trilaterial Observer" wird die trilaterale Kommission als eine Machtpyramide (ähnlich der Mafia) bezeichnet. Dem Executiv-Komitee gehören berühmte Top-Leute aus den USA, Europa und Deutschland an:

109 Mitglieder aus Nordamerika
106 Mitglieder aus den EG-Staaten
74 aus Japan.

Viele Mitglieder sind in hervorragender Position in Banken, Industrie und Politik tätig.

Nun kommt das Interessante: Auf den ersten Blick meinen wir, daß die OPEC-Staaten künftig das Weltgeschehen durch ihre Ölvorräte kontrollieren und daß daraus ein gigantisches Wirtschaftssystem erwachsen wird.

+) Bekannte Mitglieder dieser Gesellschaft: Kanzler Schmidt, die Politiker Apel, Stoltenberg und Leisler-Kiep, die Industriellen Bertold Beitz, Philipp Rosenthal, J. Zahn und Wolf von Amerongen, Die Bankiers Friderichs und Christians, der Wissenschaftler R. von Weizsäcker und die ZEIT-Herausgeberin Gräfin Dönhoff.

Aber dieser Eindruck täuscht, denn die sieben Schwestern gehören zunächst Privatleuten (z.B. der Rockefeller-Familie). Die Chefs der sieben Ölgesellschaften sind gleichzeitig auch in den Banken vertreten, die wiederum den einflußreichen Leuten gehören.

Jede wichtige Pipeline auf der ganzen Welt wird von den sieben Schwestern kontrolliert:

Exxon

Mobiloil

Standard Oil

Texaco

Gulf

Shell

BP

Fassen wir noch einmal zusammen: Die trilaterale Kommission hat ein System entwickelt, um die Industrieländer Europas und Nordamerikas unter einen Hut zu bekommen. Für Europa erfüllen verschiedene Institute (für die BRD z.B. die „Deutsche Gesellschaft für Auswärtige Politik") die Kontrollfunktion: Geldumlauf durch die Großbanken und somit Kontrolle der Zinsen und des Wohlstands, Kontrolle des Öls und damit praktisch aller Industriezweige, Mitsprache bei Regierung und Politik.

MCNAMARAS WARNUNG

1972 veröffentlichte McNamara eine geschichtsträchtige Warnung: „Es gibt einen Nord-Süd-Bruch in der Wirtschaft. Dieser Bruch ist eine tiefe Spalte in der soziologischen Erdkruste. Sie wird gewaltige Donnerschläge und Erdbeben hervorrufen. Wenn die reichen Länder nicht alles, was in ihrer Macht steht, unternehmen, um diese Spalte zu schließen, die sich zwischen der allzu erfolgreichen nördlichen und der allzu armen südlichen Hemisphäre auftut, wird am Ende niemand in Sicherheit sein, unabhängig davon, wie groß unsere Waffenlager sind."

Dazu vermerkt Servan-Schreiber in seinem bereits zitierten Bestseller „Die totale Herausforderung": „In der Morgendämmerung der 80er Jahre wird sich vielleicht eine Bewegung bilden, die die Bemühungen Europas, der OPEC und Japans in dem großen Vorhaben vereinen wird, endlich die Dritte Welt in den Zyklus der Welt einzubeziehen."

Erlauben Sie mir, das „vielleicht" zu streichen, denn so finden wir die gesuchte Integrationsfigur auf der politischen Bühne unschwer wieder. Ihn, der an der Spitze dieser Bewegung steht und der den Zehnstaatenbund unter Kontrolle hält. Die Welt wartet auf ihren Erlöser. Wird er sie erlösen?

Wir sehen also, wie die Weltbühne für einen starken Mann zubereitet wird. Keiner von uns wird sich anmaßen, die respektable politische Potenz des „Problemlösers" anzuzweifeln. Ich werde Ihnen im übernächsten Kapitel einige Merkmale aufzeigen, an denen Sie den „Führer" erkennen können. Ich gehe davon aus, daß er irgendwo bereits lebt. Hal Lindsey, der Bestsellerautor aus Amerika, vertritt die Auffassung, daß er bereits tatkräftig seine Aufgaben im Europapalais in Straßburg versieht.

DIE VORLÄUFER

Im Jahre 1930 befand sich Deutschland in einem hoffnungslosen wirtschaftlichen Durcheinander. Die Arbeitslosigkeit hatte derart überhand genommen, daß Tausende hungerten. Rechte und linke Extremisten zettelten Unruhen in den Straßen an, störten die Vorlesungen an den Universitäten. Niemand schien in der Lage zu sein, die Ordnung wiederherzustellen. Deutschland befand sich am Rande des totalen Zusammenbruchs.

Da erschien Adolf Hitler. Plötzlich war mitten im Chaos wieder eine Stimme zu vernehmen, die Ordnung versprach. Mit ungezügelter Leidenschaft verkündete Hitler seinem Volk eine großartige Zukunft. Er weinte, wenn er von der ruhmreichen Vergangenheit sprach, und schrie, wenn er die Zukunft in rosigen Farben schilderte. Deutschland würde die Welt beherrschen. Das Römische Reich würde wiedererstehen und er, Hitler, würde das Volk anführen.

Das Volk überschüttete ihn mit Beifalls- und Freudenrufen. „Heil Hitler!" schallte es in den Straßen. War er nicht der größte Führer aller Zeiten? Selbst die Christen ließen sich von der öffentlichen Begeisterung mitreißen.

Anfangs schien Hitler tatsächlich so etwas wie ein Retter zu sein. Die Tumulte auf den Straßen hörten auf. Die Menschen arbeiteten wieder und hatten zu essen. Ferdinand Porsche entwarf den ersten Volkswagen. Und was am allerwichtigsten war: Die Bürger bekamen ein neues Selbstbewußtsein. Sie waren nun stolz darauf, Deutsche zu sein. Jetzt würde sie der Führer in das Tausendjährige Reich führen. Nach 12 Jahren blieb von dem versprochenen Reich nur ein Trümmerhaufen übrig.

Das ist ein Beispiel aus unserer jüngsten Vergangenheit. Aber die Weltgeschichte kennt noch mehr solcher selbsternannten Welterlöser. Denken wir nur an die „Großtaten" der Cäsaren, eines Napoleon oder eines Josef Stalin. Gibt es nicht genug tragische Beispiele, die uns aus der Weltgeschichte lernen lassen? Die traurige Wahrheit besteht aber leider nach Hegel darin, daß „die Geschichte uns lehrt, daß der Mensch aus der Geschichte nichts lernt."

Gegen den Diktator, der während der großen Trübsal die Welt beherrschen wird, wird Hitler wie ein Waisenknabe dastehen. Der Antichrist, oder wie er an anderen Stellen der Bibel bezeichnet wird, das Tier, der Sohn des Verderbens, oder der König von Babel, wird zunächst als ein großer Menschenfreund auftreten. Er ist von dem leidenschaftlichen Glauben erfüllt, der Mensch könne seine Probleme selbst lösen. Das Urteil der Bibel, daß sich der Mensch wegen seiner Sündhaftigkeit am Rande des

Chaos bewegt, wird er nicht akzeptieren. Warum denn auch? Es scheint doch alles machbar.

Ein Bravourstück des Humanismus. Erasmus von Rotterdam hätte seine wahre Freude daran. Die liberale Theologie freut sich mit. Die Menschheit ist kräftig dabei, den neuen Turm von Babel zu bauen. Nur wird er nie fertig werden.

Die gegenwärtigen wirtschaftlichen, politischen und sozialen Unruhen werden immer mehr überhand nehmen, so daß die Politiker sie nicht mehr in den Griff bekommen. Die Lage wird sich immer mehr zuspitzen. Bald wird die verblendete Menschheit den mächtigen Mann, der so große Reden führt und Frieden und Ordnung verspricht, zum Retter der Welt erklären. Aber er wird sie nicht retten, sondern ihrem Ende zutreiben.

DER ANTICHRIST KOMMT

Kinder, es ist Endzeit! Ihr habt ja gehört, daß der Antichrist kommt. (1. Johannes 2,18)

John Wesley White*) läßt in seinem neuesten Buch „The coming world dictator" keinen Zweifel daran, daß der Antichrist bereits lebt und ein erwachsener Mann ist.

Wie müssen wir uns diesen Mann vorstellen, der einmal die ganze Welt beherrschen wird? Wird er eine Art Idi Amin, gewürzt mit einem Schuß Khomeini, oder ein Jim Jones (der fast eintausend Leute zum Selbstmord führte) mit einer Brise orientalischem Guru sein? Die Bibel macht einige ganz konkrete Angaben zu seiner Person:

Sein Name

Er wird der Mensch der Sünde und das Kind des Verderbens (2. Thessalonicher 2,3) genannt, und in Offen-

---

*) John Wesley White, Verfasser vieler Bücher, z.B. „Der große Exodus", Verlag Schulte + Gerth

barung 13 finden wir den Ausdruck „das Tier, das die Zahl 666 trägt". Daniel nennt ihn in Kapitel 9 einen Fürsten, der dem Volk Israel eine Woche den Bund stärken wird. Das ist ein Hinweis auf den siebenjährigen Vertrag, der den Scheinfrieden einläutet:

Seine Zeit

„... und ihm wurde Macht gegeben, es zweiundvierzig Monate lang zu treiben!" So unterrichtet uns Offenbarung 13, Vers 5, und Daniel ergänzt: „...daß es eine Zeit und zwei Zeiten und eine halbe Zeit währen soll; und wenn die Zerstreuung des heiligen Volkes ein Ende hat, soll dies alles geschehen" (Daniel 12,7). Dieselbe Ausdrucksweise finden wir auch in Daniel 7,25, wo es heißt: „Er wird den Höchsten lästern und die Heiligen des Höchsten vernichten und wird sich unterstehen, Festzeiten und Gesetz zu ändern. Sie werden in seine Hand gegeben werden eine Zeit und Zwei Zeiten und eine halbe Zeit."

Diese Hinweise beziehen sich auf die dreieinhalb Jahre dauernde Schreckensherrschaft des Antichristen, in der sich auf dieser Erde auch die göttlichen Gerichte abspielen.

Sein Assistent

„... und ich sah ein zweites Tier aus der Erde heraufsteigen; das hatte zwei Hörner wie ein Lamm und redete wie ein Drache. Und es übt alle Macht des ersten Tieres mit dessen Zustimmung aus und bringt die Erde und die darauf wohnen dazu, das erste Tier anzubeten, dessen tödliche Wunde heil geworden war" (Offenbarung 13,11+12). Das Täuschungsmanöver gelingt auf der ganzen Linie. Der Propagandist plädiert für das Gute, das er im Antichristen dargestellt sieht, doch seine Doktrin stammt vom Satan und er erzählt Lügengeschichten. Besonders legt er sich ins Zeug für das Bekanntmachen der „Quasi-Auferstehung", der Heilung von der Todeswunde. Das sei ja nun schließlich Beweis genug, daß der Antichrist übermenschliche Fähigkeiten besitze. Der „falsche Prophet" präsentiert sich lammfromm, aber redet wie ein Drache. Sicherlich war Goebbels im Dritten Reich eine Vorschattung dieses Mannes.

Der „Assistent" verurteilt die zum Tode, die das „Bild des Tieres" nicht anbeten. Er ordnet die Markierung der Menschen an Hand oder Stirn an, ohne die sie nicht kaufen und verkaufen können. Wahrlich makaber.

Seine Todeswunde

„... aber seine tödliche Wunde wurde heil. Und die ganze Erde wunderte sich über das Tier" (Offenbarung 13,3b).

Gerade im Frühsommer 1981 meinten manche Bibelausleger, die schweren Verletzungen, die der Papst und Präsident Reagan durch Attentate erlitten haben, seien diese Todeswunden gewesen. Das ist aber eine Täuschung, denn die Wunde, die der Antichrist erhalten wird, erweckt für kurze Zeit wirklich den Anschein, als hätte sie zum Tode geführt. Vielleicht handelt es sich um einen klinischen Tod, der allerdings nicht gleichbedeutend mit dem tatsächlichen Tod sein muß. Jedenfalls wird es nach einer perfekten Imitation der Auferstehung Jesu Christi aussehen.

Wir wollen hier auch auf die anderen Thesen hinweisen, die in der Genesung von der tödlichen Wunde das Wiedererstarken des Islam oder aber auch das Wiedererwachen des Römischen Reiches in Form der Europäischen Gemeinschaft sehen. Ich meine jedoch, daß der Antichrist als Person tatsächlich tödlich verletzt, aber schließlich doch genesen wird.

Sein Tempel

Die Anzeige fiel auf. In mächtigen Lettern war da zu lesen: „An alle Personen jüdischen Glaubens in der ganzen Welt". Sogar eine Postfachadresse war angegeben in der amerikanischen Zeitung. „Für den Wiederaufbau des

Tempels Gottes in Jerusalem werden jetzt Pläne ausgearbeitet. Mit Gottes Führung und Hilfe wird der Tempel auch errichtet werden. Er wird das Zeichen eines neuen Zeitalters des Judentums sein. Wir Juden sollen dadurch angeregt werden, unser Leben so zu führen, daß unser Schöpfer bald die Zeit für gekommen hält, uns auf dieser Erde zu besuchen ... Damit diese Aufgabe verwirklicht werden kann, benötigen wir begabte Architekten, Organisatoren und entsprechende Arbeiter ... Gott kennt diejenigen, die an dieser großen Aufgabe mitarbeiten wollen."

Ist es also wahr, daß in den nächsten Jahren in Jerusalem der jüdische Tempel wieder aufgebaut wird? Wo wird er denn stehen? Es gibt doch nur einen Platz, wo er nach Gottes Anweisung hingehört, nämlich da, wo er schon einmal stand und wo die Klagemauer heute noch von seiner ehemaligen Existenz kündet. Aber dort steht doch der Felsendom, und der gilt als ein Heiligtum des Islam. Nie und nimmer werden die Moslems diesen ihren Felsendom und ihre Al-Aksa-Moschee preisgeben.

Im zweiten Thessalonicher-Brief, dem letzten Vermächtnis des Apostels Paulus an die Gemeinde in Thessaloniki, sagt er im zweiten Kapitel in den Versen drei bis vier: „Der Mensch der Sünde, der Sohn des Verderbens, der sich über alles erhebt, was Gott oder Gegenstand der Verehrung heißt, setzt sich in den Tempel Gottes und erklärt sich selbst als Gott" (Elberfelder). Die Propheten des Alten Testaments lassen uns nicht im Unklaren darüber, daß der Antichrist, nämlich dieser Sohn des Verderbens, den Juden nach dem Bau ihres Tempels gestattet, ihren Opferdienst, auf den sie so viele Jahrhunderte verzichten mußten, wieder einzuführen. Aber in der Mitte der Trübsalszeit macht der „Mensch der Sünde" diesem Spiel ein Ende. Jetzt endlich will er die ganze Verehrung auf seine eigene Person konzentrieren, kein anderer soll daran mehr Anteil haben.

Nun werden viele fragen: Was aber wird dann mit dem

Felsendom, der doch genau an der Stelle steht, an der der Tempel errichtet werden soll? Die Heilige Schrift gibt uns keine eindeutige Antwort darauf. So dürfen wir vermuten, daß durch irgendein natürliches oder gar übernatürliches Ereignis der Tempelplatz mit den Überresten der Klagemauer dem jüdischen Volk wieder zur Verfügung steht, um ihr Gotteshaus zu bauen und ihren Opferdienst wieder zu zelebrieren.

Eigentlich ist dieser „Dritte Tempel" das wiedererstandene Heiligtum der Juden. Ich nenne es hier in diesem Zusammenhang „sein Tempel", d.h. den Tempel des Antichristen, weil er ihn, ähnlich wie Antiochus Epiphanes, entweiht und damit seine totale Respektlosigkeit vor der Religion des Volkes Israel bekundet.

Seine Zahl

Die Zahl des Antichristen ist 666. Immer wieder haben sich Ausleger über diese Zahl Gedanken gemacht. Ganze Bücher wurden geschrieben, um verschiedene Berechnungen anzustellen. Bleiben wir bei der einfachsten und einleuchtendsten Erklärung: Die Zahl 6 steht in der Bibel immer für den Menschen. Hier wird sie in eine Dreierreihe gestellt. Hiermit wird symbolisiert, daß sich das „Tier" als der absolute Übermensch präsentiert. Zudem können wir annehmen, daß die dreifache Zahl gleichzeitig auf die „Dreifaltigkeit" hinweist. Gott, der Vater, Sohn und Heiliger Geist gleichzeitig ist, wird sein satanisches Gegenstück in Satan selbst, dem Antichristen und falschen Propheten, entgegengestellt.

Sein Machtimperium

Auf die Dauer werden die europäischen Staaten sich militärisch verstärken. Denn die militärische Ausgangsbasis für den Antichristen wird nach meiner Einschätzung die NATO sein. Das Schaubild ist der vorsichtige Versuch, das Machtimperium des Antichristen graphisch darzustellen.

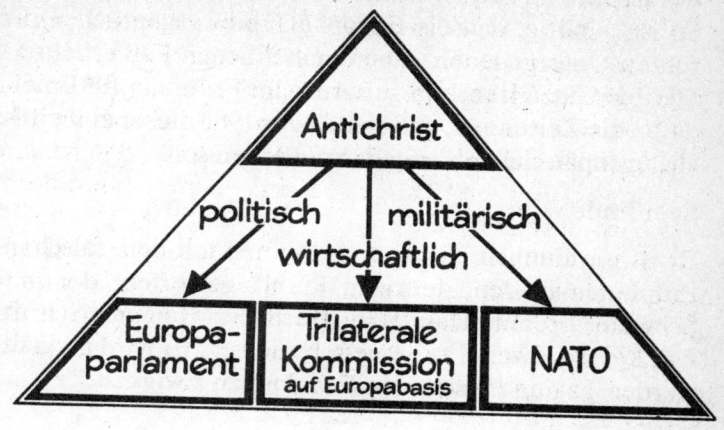

Seine Machtpolitik

Wie rücksichtslos der Antichrist durchgreift, zeigt sich daran, wie er arm und reich, klein und groß dazu zwingt, ein Malzeichen zu tragen. Ein anderes Beispiel für sein Durchsetzungsvermögen ist sein Umgehen mit den „zwei Zeugen". Gott schickt zwei Männer, die in Sackkleidern gekleidet, dreieinhalb Jahre lang durch Israel ziehen und weissagen. Keiner kann ihnen etwas antun. Sie haben die Macht, den Himmel für eine bestimmte Zeit zu verschließen und Wasser in Blut zu verwandeln. Das kann und will sich der Antichrist nicht gefallen lassen. Endlich gelingt es ihm, diese beiden Männer zu töten und ihre Leichen dreieinhalb Tage auf den Straßen Jerusalems den Schaulustigen preiszugeben.

Zur Durchsetzung seiner Machtpolitik braucht er überschaubare und kontrollfähige Bereiche. Die Konzentration der Industrien in großen Multikonzernen, der bargeldlose Verkehr, die Codierung fast aller Produkte für den täglichen Gebrauch und die Einteilung der geographischen Zonen in kontrollfähige Großgebiete sind meines Erachtens bereits Anzeichen für diese Entwicklung. So ist es nötig, daß die Europäer, seine eigentlichen direkten Untergebenen, einen einheitlichen Paß erhalten. Die Idee dazu ist schon geboren: Im Frühjahr 1981 meldeten die Zeitungen, daß spätestens 1985 dieser einheitliche europäische Paß eingeführt werden soll.

Sein Ende

Es ist unrühmlich. Er wird zusammen mit dem falschen Propheten in den „feurigen Pfuhl" geworfen, der mit Schwefel brennt. Das letzte Buch der Heiligen Schrift läßt keinen Zweifel an seinem Ende zu: „Er wird gequält werden Tag und Nacht von Ewigkeit zu Ewigkeit."

PRO UND CONTRA

Warum beschäftigen wir uns so ausgiebig mit der Person und den Eigenschaften des Antichristen? Weil wir warnen wollen, denn dieser Weltdiktator wird sich anfangs lammfromm aufspielen. Wenn es stimmt, was ich in diesem Buch immer wieder nachweisen möchte, nämlich, daß die Bühne für den Antichristen fertig vorbereitet ist und sein Auftritt nahe bevorsteht, dann ist es unerläßlich, daß wir möglichst viele Informationen erhalten, um ihn rechtzeitig zu erkennen. Mir scheint es ganz wesentlich, die nachstehende Gegenüberstellung in der Tasche – oder noch besser im Kopf – zu haben.

Christus	Anti-Christus
kam vom Himmel–Joh. 6,38	kommt aus dem Abgrund–Off. 11
in seines Vaters Namen–Joh. 17,3	in seinem eigenen Namen–Joh. 5,43
erniedrigte sich selbst–Phil. 2,8	erhöht sich selbst–2. Thess. 2,4
er war verachtet–Jes. 53	er wird angebetet–Off. 13,3+4
tat seines Vaters Willen–Joh. 6,38	tut seinen eigenen Willen–Dan. 11
kam, zu erretten–Lukas 19,10	kommt, zu verwüsten–Dan. 8,24
der gute Hirte–Joh. 10	der schlechte Hirte–Sach. 11,16+17
er ist die Wahrheit–Joh. 14,6	er ist die Lüge–2. Thess. 2,9
er ist das Geheimnis der Gottseligkeit–1. Tim. 3,16	er ist das Geheimnis der Bosheit–2. Thess. 2,7.9

FAZIT

In seinen Memoiren – noch kurz vor seinem Tod aufgezeichnet und fertiggestellt – kommt Schah Reza Pahlewi zu dem Schluß: „Der Westen betreibt eine ziellose Politik und hat versagt!" Wird er recht behalten? Auf lange Sicht gesehen ja. Aber kurzfristig wird sich für Europa das Bild noch einmal verändern. Eine neue politische und wirtschaftliche Strategie hilft die Engpässe der Energieversorgung, die drohenden Gefahren des ökonomischen Niedergangs überwinden. Es entsteht ein ganz neuer Machtbereich, dessen Kern der Mittelmeerraum ist. Eine weltweite Allianz der europäischen Staaten mit ihrer wirtschaftlichen Macht und der Mittelmeer-Anrainerstaaten mit ihren riesigen Rohstoffvorkommen, vor allem dem Erdöl, bildet den Machtbereich des künftigen Diktators. Dieser Führer erfährt eine unglaubliche Verehrung, die weit über das hinausreicht, was bereits ein Adolf Hitler für sich in Anspruch nahm. Alle Menschen, „deren Namen nicht in dem Buch des Lammes geschrieben sind", werden den Antichristen anbeten.

Die bereits zitierten Rutschprozessionen der Europäer zu den Ölquellen führen zu diesem seltsamen Bündnis. So unterschiedliche Weltanschauungen und Kulturkreise wie das Christentum und der Islam treffen aufeinander und verbrüdern sich, um wirtschaftlich überleben zu können. So jedenfalls meinen sie. Das führt zu der fatalen Isolation Israels. Aber auch auf diese Frage wird der machthungrige Chef des Bündnisses eine Antwort haben. Er schließt mit Israel einen siebenjährigen Bund, einen Scheinfrieden. Im neunten Kapitel bei dem Propheten Daniel können wir das nachlesen. Durch diesen Vertrag gewinnt er die Sympathie der Juden. Auch sie sind bereit, ihm alle Ehre angedeihen zu lassen. Das führt zu der katastrophalen Anmaßung des Antichristen, sich in den Tempel Gottes in Jerusalem zu setzen, um sich anbeten zu lassen.

Nachdem die ersten dreieinhalb Jahre seiner Regierungszeit einen geradezu friedlichen Eindruck machten, und er scheinbar alle Probleme so meisterhaft löste, müssen die Menschen jetzt erkennen, auf was sie sich da eigentlich eingelassen haben. Furchtbare Gerichte, die die Menschheit noch nicht erlebt hat, brechen über diese Welt herein.

Nach den sieben Jahren ist aller Glanz und alle Glorie dahin. Die Schlacht von Harmagedon hat alle Hoffnungen zerstört. Ein Neubeginn scheint völlig aussichtslos. Und doch: Eine neue Welt zeichnet sich am Horizont ab. Wer wird sie erleben? Wer ist darauf vorbereitet? Ganz sicher nicht die, die dem falschen Messias ihr Gewissen opferten. Es gibt einen herrlichen Ausweg. Keinem ist der Ausweg verbaut, keinem ist die großartige Hoffnung verwehrt. Im letzten Kapitel dieses Buches will ich Ihnen über die schönste Sache dieser Welt erzählen.

Der schlafende Riese erwacht

1990 wird China die Armee haben, die als Trumpfkarte im großen Spiel sticht.

FAZ am 14.8.1980

In Ostasien wächst ein Riesenreich, das Johannes vor fast 2.000 Jahren schon sehr genau beschrieben hat, als er in Offenbarung 9 von einer Riesenarmee von 200 Millionen Soldaten spricht.

Schon in den 60er Jahren brüstete sich China, daß es in der Lage sei, ein Heer von 200 Millionen zu mobilisieren.

Die FAZ schreibt am 14.8.1980 darüber:

„... Aber die chinesische Militärmacht wird die Funktion als strategisches Element noch viele Jahre nur bedingt ausüben können. Es werden selbst großzügige Lieferungen von Geräten und neuen Waffensystemen die chinesischen Streitkräfte nicht zu einer modernen Truppe machen. Jetzt wirkt sich aus, daß in der Kulturrevolution die aufwachsende Generation völlig von der Welt der Technik isoliert worden war. Nicht nur sind die Fabriken und Werkstätten veraltet, in denen die hochentwickelten Waffen gewartet werden müssen. Es gibt auch zu wenig Wissenschaftler, Ingenieure und Techniker. Und die Truppe ihrerseits ist geistig nicht auf die Zukunft vorbereitet. 1990 vielleicht, meinen westliche Fachleute, werde China die militärische Infrastruktur haben, die eine Armee braucht, um als Trumpfkarte im großen Spiel zu stechen."

Diese Zeitrechnung stimmt, wenn wir bedenken, daß unsere Welt in eine siebenjährige Trübsalszeit einmündet und China ja erst am Ende dieser Periode in das Kriegsgeschehen eingreifen wird.

ÜBER LEICHEN AN DIE MACHT

Nur wenige Getreue innerhalb der kommunistischen Partei Chinas hatte der Bauernsohn Mao Tse-tung zu Beginn der dreißiger Jahre. Zeitweise stand er sogar unter Hausarrest. Erst 1934, als Tschiang Kai-shek mit seiner Kuomitang-Armee die Räterepublik angriff, wurde Mao freigelassen und an die Spitze der Roten Armee gestellt. Deren 90.000 Soldaten führte er in einem langen Marsch durch viele Provinzen Chinas, bezwang sämtliche Provinzarmeen und baute schließlich mit knapp 30.000 überlebenden Soldaten in der Provinz Schensi ein riesiges Stützpunktsystem auf, von dem aus er 1949 den chinesischen Bürgerkrieg für die kommunistische Partei entschied.

Zahlreiche Opfer starben in der Auseinandersetzung zwischen Mao Tse-tung und Tschiang Kai-shek.

Der US-Senator Barry Goldwater schrieb dazu: „Mao brachte zusammen mit Tschou en Lai 50 Millionen Chinesen um, um sein ideologisches Ziel zu erreichen."

Wie schnell haben wir hier im Westen solche Dinge vergessen. Erinnern wir uns daran, daß einige Spinner lange Zeit mit der roten Mao-Bibel unter dem Arm herumliefen. Richard Nixon schreibt in seinem neuen Buch „So verlieren wir den Frieden. Der dritte Weltkrieg hat schon begonnen": „Die kommunistischen Führer kamen nur in ihre hohen Führungspositionen über Berge von Leichen."

Welche seltsamen Blüten die Ausgeburt der Kulturrevolution trieb und wie wenig die Chinesen damit fertig wurden, zeigt das Beispiel von Maos Witwe.

DIE WILDE WITWE

Mit Handschellen gefesselt und von mehreren Polizisten im festen Griff wurde Maos Witwe Chiang Ching aus dem Gerichtssaal gezerrt. Sie hatte nach der Urteilsverkündung „Tod durch Hinrichtung" wieder einmal wüste Beschimpfungen geäußert. Nun, das war für die im Gerichtssaal Anwesenden keine sonderliche Überraschung, denn Frau Chiang hatte bereits öfters wilde Tiraden von sich gegeben. So war ihr Zimperlichkeit von Anfang an nicht anzurechnen, auch nicht in ihrem mörderischen Tun mit der Viererbande zur Zeit der chinesischen Kulturrevolution. So haben Millionen Chinesen das Todesurteil mit großer Genugtuung aufgenommen. So schnell also verblassen die großen „Politsterne", die oft genug westlichen Gesinnungsfreunden zum Vorbild gereichten.

Werden nun die Demütigungen, Verfolgungen und Mißhandlungen in China ein Ende haben? Wenn dieses Land seine Rolle auf der Weltbühne nach biblischem Muster spielen soll, so muß das Chaos und die Anarchie der Jahre nach der Kulturrevolution (1966 bis 1976) in ein stabileres Leben münden. Damals erlitt die Wirtschaft des Landes große Einbußen, von denen sie sich bis heute nicht erholt hat. Die Zahl der Toten der Kulturrevolution wird mit 500 000 angegeben. Bildung war nicht gefragt, die Roten Garden dominierten. Weisung nahmen sie nur von Mao oder seiner Frau an, die eines Tages als „Kaiserin" mit Parteibuch das politische Erbe ihres Mannes antreten wollte. Wie gut, daß dieser Traum ein schnelles Ende fand.

Der Dornröschenschlaf des schlafenden Riesen ist zu Ende! Wir werden künftig mit einer Macht in dieser Welt rechnen müssen, die lange Jahre nichts zu sagen hatte.

DIE VERRÜCKTEN AMERIKANER

Zum Aufwachen des schlafenden Riesen China aus dem Dornröschenschlaf haben die Amerikaner mit beigetragen, als sie 1971 ihre Tischtennismannschaften nach China schickten. Vor aller Augen gaben sich Mao und Nixon die Hand, und die Welt wurde Zeuge dieses historischen Ereignisses. Es dauerte nicht lange, bis ganze Techniken und Industriebetriebe nach China verkauft wurden und ein Amoklauf der Supermächte China, Sowjetunion und Amerika einsetzte – eine unselige Allianz zwischen dem Westen (USA) und China, wie wir später sehen werden. Rufen wir uns noch einmal das biblische Bild ins Gedächtnis: Von Amerika, wie wir es geographisch einordnen können, spricht die Heilige Schrift nicht. Ich vermute die Amerikaner an der Seite des europäischen Antichristen. Von China lesen wir in der Offenbarung als Teilnehmer der letzten Schlacht in Harmagedon. Aus dem Kapitel über den König des Nordens wissen wir, daß die Sowjetunion voraussichtlich zu Beginn der siebenjährigen Trübsalszeit ihr Schicksal auf den Bergen Israels erfahren wird, das heißt seine völlige Niederlage.

Nachdem nun der Erzfeind des kommunistischen Chinas, nämlich die Sowjetunion, von der Weltbühne verschwunden ist, gibt es nur noch den eigentlichen großen Gegner Chinas, das antichristliche Imperium unter eventuellem Einschluß der USA. Wir müssen also damit rechnen, daß die zur Zeit sichtbare Zuneigung zwischen Amerika und China nicht von Dauer ist. Heute, zu Beginn der achtziger Jahre, verstehen wir diese „Freundschaft", denn sie haben ein gemeinsames Anliegen. So bringt die Wetzlarer Neue Zeitung am 16. Juni 1981 die Überschrift: „Die USA und China wollen enger zusammenarbeiten, da sie ein gemeinsames Interesse an der Eindämmung Moskaus haben." Anlaß für diese Beurteilung war der Besuch des amerikanischen Außenministers Alexander Haig in Peking.

Eine andere interessante Entwicklung müssen wir dabei aber im Auge behalten: China gerät immer mehr in eine feindselige Position gegenüber Israel. Als die Israelis im Juni 1981 den irakischen Atomreaktor angriffen und zerstörten, war aus Peking eine scharfe Verurteilung zu hören. Kein Wunder, denn was suchen die Chinesen in einigen Jahren in Harmagedon, wenn sie nicht von Haß gegen die Juden getrieben werden?

WIRTSCHAFTSRIESE JAPAN

China und Japan hatten sich lange Zeit nichts zu sagen. Erst im Jahr 1980 kam die Wende, signalisiert durch den Händedruck zwischen dem japanischen und dem chinesischen Staatsoberhaupt. In Zukunft werden die hochtechnisierten Japaner den Chinesen riesige Industrieanlagen verkaufen. Dadurch wird ein großes Wirtschaftspotential in diesem Bereich der Welt entstehen.

Nemawashi – so heißt das Schlagwort des japanischen Wirtschaftswunders. Nemawashi bedeutet soviel wie „die Wurzeln miteinander verbinden". So wie ein Gärtner, bevor er einen Baum transportiert, die Wurzeln fein säuberlich einpackt, so versammeln die japanischen Manager alle betroffenen Glieder ihrer Firma, bevor sie eine Entscheidung treffen. Das führte zu dem Gedanken der „Arbeitsfamilie", die dem Japaner wichtiger ist als seine eigene Familie. Er lebt für den Betrieb, fährt mit der Firma in Urlaub und gestaltet auch sonst seine Freizeit mit seinen Kollegen.

In dieser Geschlossenheit eroberte das „Land der aufgehenden Sonne" einen Weltmarkt nach dem anderen. Im Sommer 1981 bitten die Europäer und die Amerikaner kniefällig die Japaner, ihre Autoexporte zu drosseln. Mit Erfolg. Dafür schlagen die Japaner auf den anderen Märkten umso heftiger zu. Wie schon früher bei anderen Produkten. Zum Beispiel erfanden die Amerikaner in den späten sechziger Jahren die Mikroprozessoren. Inzwischen haben sich japanische Firmen über 30 Prozent des Weltmarktes erobert.

Japan nimmt in der „ökonomischen Weltrangliste" einen hervorragenden Platz ein, denn dieses Land ist heute eine industrielle und wissenschaftliche Großmacht. 1981 stehen sechs japanische Unternehmensgruppen an der Spitze der Weltrangliste, und zwar Mitsubishi, Mitsui, Sumitomo, Fuyo, DKB, Sanwa. Wer kennt diese Namen schon im Gegensatz zu Unternehmen wie General Motors, Shell oder Bayer. In den zwanzig Jahren zwischen 1960 und 1980 ist es Japan gelungen, auf den meisten traditionellen Weltmärkten Spitzenpositionen zu erringen – im Schiffsbau, in der Fotografie, auf den Märkten für Motorräder, Stahl, Fernsehgeräte, elektrische Apparaturen, Elektronik für den Massengebrauch und für Automobile.

Wenn nun die asiatischen Streitkräfte in die Schlacht um Harmagedon eingreifen, wird sicher Japan, gestärkt durch sein riesiges Industriepotential, mit von der Partie sein. Schon im Zweiten Weltkrieg hatte Japan eine Invasionsarmee von ungeheurer Wucht und Schlagkraft. Damals erhielt der japanische Admiral Yamamoto den Befehl, den pazifischen Flottenstützpunkt der Amerikaner in Pearl Harbour anzugreifen und die amerikanische Flotte zu vernichten. In der Folge besetzten die japanischen Invasionsarmeen ganz Südostasien, ehe sie von den Amerikanern zurückgedrängt wurden. Das Ergebnis waren schließlich die Atombomben auf Hiroshima und Nagasaki, deren schreckliche Folgen noch heute zu spüren sind.

Das mag als Beweis dienen, daß man das Land der aufgehenden Sonne nicht unterschätzen sollte. Die ungeheure wirtschaftliche Energieleistung und die Unberechenbarkeit des Verhaltens während des Zweiten Weltkrieges lassen auf die unbedingte Bereitschaft schließen, die eigenen Interessen in jedem Fall, egal auf welche Art und Weise, zu vertreten.

Rudyard Kipling schreibt zu diesem Thema: „Ost ist Ost und West ist West; wenn die Schlacht beginnt, wird Asien sich zum Kampf rüsten."

DIE ROLLE DES EUPHRAT

Wir kennen alle aus dem Erdkundeunterricht den Euphrat. Aus der Bibel ist der Schicksalsstrom ebenfalls bekannt. Uns wird gesagt, daß durch das Austrocknen des Euphrat der Weg für ein riesengroßen Heer freigemacht wird. In Harmagedon wird die Schlacht stattfinden, und am Euphrat wird der große Brückenkopf gebildet werden. Hier war schon einmal der Schauplatz einer großen Schlacht. Dieses Gebiet wurde von David erobert und von seinem Sohn Salomo beherrscht.

Nun wird es also zum Brückenkopf für die asiatische Invasion. Es bleibt die Frage, was die Chinesen eigentlich mit ihrem Angriff in Richtung Naher Osten und Westen im Schilde führen.

Wir wissen aus dem Kapitel über den König des Nordens (Sowjetunion), daß das wiedererstandene Römische Reich (das antichristliche Imperium) in das Chaos und das entstehende Machtvakuum eingreifen wird. Das wiederum ruft die asiatischen Supermächte auf den Plan. Lange Zeit neigten wir dazu, den fernen Osten zu unterschätzen, was noch schlimmer ist: wir haben ihn mit finanziellen Mitteln unterstützt und aufgerüstet.

WIRD CHINA DIE ATOMBOMBE ZÜNDEN?

Haben wir China, Japan, Indien und Pakistan unterschätzt, sie sogar finanziell und technologisch unterstützt? Inzwischen verfügen diese Länder bereits über eigene Atombomben und damit über ungeheure Macht.

Professor Georg Wald läßt uns wissen: „Es gibt auf der Welt genug Nuklearkraft, um in 2 – 3 Minuten die ganze Menschheit auszurotten. 1985 werden ca. 50 Länder die Atombombe besitzen."

Die Möglichkeit, daß Gadaffi in New York eine Atombombe zünden könnte, hat uns sicherlich erschreckt. Die Möglichkeit, daß nahezu 50 Länder bereits die Atombombe besitzen, die wegen ihrer mangelhaften konventionellen Waffenausrüstung am ehesten auf Kernwaffen zurückgreifen, erfordert eine ausführlichere Information über die sogenannten ABC-Waffen.

Unter ABC-Waffen versteht man den Sammelbegriff für atomare, biologische und chemische Waffen. Unter diesem Decknamen rangieren die Atom- oder Kernwaffen wie Geschosse, Raketen, Bomben, Minen und Torpedos mit Sprengladungen aus Kernsprengstoff. Sie wirken durch Druckwellen, Hitzestrahlen und radioaktive Strahlung.

Bei der vollständigen Spaltung von 1 kg Uran wird eine Energiemenge von 80 Milliarden (!) kJ frei. Diese Energiemenge entspricht dem Energiegehalt von 20.000 Tonnen des herkömmlichen Sprengstoffs Trinitrotoluol

(TNT). Die Sprengenergie der Atomwaffen wird daher im Vergleich zu normalem Sprengstoff angegeben: 1 Kilotonne (KT) entspricht dem Energieinhalt von 1000 t TNT; 1 Megatonne (MT) dem Energieinhalt von 1.000.000 t TNT.

Von der Gesamtwirkung einer Atombombe entfallen etwa 50 Prozent auf Druckwirkung, etwa 35 Prozent auf Wärmewirkung und etwa 15 Prozent auf radioaktive Strahlung.

Die Detonation einer 20 MT-Atombombe unmittelbar über der Wasseroberfläche bringt eine Wassermenge von etwa $1.000.000^3$ zum Verdampfen. Die radioaktive Strahlung tritt zum Teil unmittelbar bei der Detonation mit Lichtgeschwindigkeit aus, während der Rest eine radioaktive Verstrahlung der Detonationswelle bewirkt, die dann durch die Einwirkung des Windes über weite Strecken fortgetragen werden kann.

Zur Zeit spricht man ja über die Neutronenbombe, die von den Amerikanern in Mitteleuropa stationiert werden soll. Diese atomare Sonderwaffe vernichtet durch ihre ungeheure Strahlkraft (es gibt weder eine Druck noch eine thermische Wirkung) alle Lebewesen, läßt aber Sachgegenstände intakt. Professor Teller, den man den Vater der Wasserstoffbombe nennt, plädiert in einem Interview mit Karin von Faber von der „Hör Zu" im Juni 1981 trotzdem für den Einsatz dieser Schreckenswaffe, um damit den technischen Vorsprung der USA als Abschreckmittel unter Beweis zu stellen.

Aber bleiben wir im Fernen Osten. Erinnern wir uns daran, daß China und Japan einen Aufschwung genommen haben, der explosionsartig war. Auch in bezug auf Nuklearkraft. Aber hören Sie, was von Pakistan und Indien zu sagen ist, wenn wir über Kernenergie sprechen:

Pakistan

Pakistan ist seit langem ein besonderes Sorgenkind der Nichtverbreitungs-Interessenten. Die amerikanische Abneigung gegen die pakistanischen Vorbereitungen ist sehr groß und wird von den Sowjets geteilt. Zeitweilig erwogen die Amerikaner, die Anlagen durch einen Kommandoeinsatz zu zerstören. Deswegen umgaben die Pakistani ihre Urananreicherungsanlagen bei Islamabad mit sowjetischen SAM-Raketen. Die Krise in den pakistanisch-amerikanischen Beziehungen ist bis jetzt noch nicht überwunden und erschwert die Zusammenarbeit gegen den sowjetischen Vorstoß in Afghanistan. Der pakistanische Bombenehrgeiz war vor allem durch die „indische Bombe" ausgelöst worden (1974). Als Frankreichs Zusage einer Wiederaufbereitungsanlage wegen tätiger Reue Frankreichs (im Gegensatz zu dem Ja-Wort Frankreichs zum Bau des Atomreaktors bei Bagdad/Irak) allmählich hinfällig wurde, begann Pakistan heimlich, in Europa und Nordamerika Material, Wissen und Personal für zwei Urananreicherungsanlagen zusammenzukaufen. Besonders erfolgreich waren die Einkäufer übrigens in der Bundesrepublik, wo sie nicht nur das nötige Know-How, sondern auch noch fertige Anlagen erhielten.

Da in Pakistan kaum Kernkraftwerke existieren, ist der gesamte Aufwand für die Rüstung bestimmt: Pakistan steht kurz vor der Produktion der Bombe. Es wird befürchtet, daß die innere Unstabilität Pakistans einen Regierenden dazu verführen könnte, dem Volk mit nuklearen Kraftakten zu imponieren.

Indien

Indien, das 1974 mit seiner Bombe die Welt überraschte (und vor allem die Kanadier ärgerte, die das Uran dazu geliefert hatten), könnte heute als Beispiel für alle dienen, die in internationalen Konferenzen beschwichtigend sagen, eine Atomexplosion bedeute noch nicht wirkliche Atommacht: dazu seien viele Jahre des weiteren Ausbaus und das Vorhandensein eines „delivery systems" (also eines die Bombe ins Ziel bringenden Waffensystems) nötig, wie es sich nur ein hochindustrialisiertes Land zulegen könnte. Indien hat immerhin genügend Urananreicherungsanlagen für den Bedarf seiner Schwerwasserreaktoren, die Plutonium liefern. Es ist nicht Mitglied des Nichtverbreitungsvertrages, hat eine Menge unkontrollierter Forschungseinrichtungen, Wiederaufbereitungsanlagen und die notwendigen Bodenschätze: Uran und Thorium. Das Land verfügt über ausgebildetes Personal, außerdem hat es international enormes Gewicht: Als es darum ging, zusätzlich Uran an Indien zu liefern, ohne daß sich Indien zu den im amerikanischen Antiproliferationsgesetz (Gesetz zur Nichtweiterverbreitung von Atomwaffen) von 1978 vorgesehenen Kontrollgarantien bereit erklärte, ordnete Expräsident Carter eine Ausnahme an, die ihm schon alle Instanzen, mit Ausnahme des Kongresses, genehmigten. Indien ist der Prüfstein, an dem die erwünschte Starrheit der Nichtverbreitungskontrollen sich als zweifelhaft erweist. Denn Indien hat es in der Hand, sich offen auf den Weg zum Nuklearstaat zu begeben.

Seit in Indien Indira Gandhi das Heft wieder in der Hand hält, geht auch die konventionelle Aufrüstung schnell voran. So soll Indien einer Meldung der Nachrichtenagentur AP zufolge von der Sowjetunion mehrere MiG 25-Aufklärungsflugzeuge erhalten. Diese modernen Flugzeuge wurden ursprünglich als Luftüberlegenheits- und Abfangjäger konzipiert und haben eine Spitzengeschwindigkeit von 2,5 Mach. Überhaupt will Indien seine Rüstungsanstrengungen in den nächsten fünf Jahren vervielfachen. Die Flugzeugproduktion soll bis 1985 einen Umfang von umgerechnet rund 1,2 Milliarden Mark gegenüber jetzt etwa 425 Millionen Mark jährlich erreichen. Außerdem sollen mehr Kriegsschiffe und Geräte zur elektronischen Kriegsführung produziert werden.

ZWEI WELTMÄCHTE KOMMEN NICHT MEHR MITEINANDER AUS

Schon 1973 sagt Merrill F. Unger in seinem Buch „Die Reiter kommen" (1976 erschienen bei Schulte + Gerth, Aßlar), was die biblische Prophetie uns im Blick auf die politische Zukunft des Kommunismus zu sagen hat und wie die Zeichen der Zeit einzuordnen sind: In Hesekiel 38 und 39 wird uns geschildert, wie die UdSSR vor der Trübsal in das Geschehen eingreift und China bei der Schlacht vor Harmagedon durch seine Invasion mit von der Partie ist und mit seinem 200-Millionen-Heer auf den Plan tritt.

In der Beurteilung der Kriegsstrategie der beiden Supermächte UdSSR und China gehe ich davon aus, daß es zu keinem direkten Zusammenprall dieser beiden Nationen kommen wird, soviel man auch verbal gegeneinander ins Feld zieht. Moskaus erstes Interesse gilt dem Nahen Osten mit all seinen Bodenschätzen. Über Afghanistan und den Iran will es sich dieser Reichtümer bemächtigen. In dieser Kriegsplanung hat ein Konflikt mit China keinen Platz.

Nach der Niederlage des Königs von Norden (Moskau und seine Vasallen) wird laut Offenbarung 9 die „sechste Posaune" erschallen, das heißt das sechste Gericht kommen. Dort erfahren wir von der Invasion des 200-Millionen-Heeres aus dem Osten. Der Vollständigkeit halber möchte ich aus der Fußnote der „Ryrie Study Bible" zitieren: „Die 200-Millionen-Kavallerie können Menschen oder Dämonen sein oder dämonische Menschen."

Diese mächtige Armee zieht westwärts gen Israel, um in das grausige Kriegsgeschehen, in das auch das antichristliche Kriegsheer verwickelt ist, einzugreifen.

Nur Christus kann den Antichristen und die Könige des Ostens übermannen und die Schlacht zu Ende führen. Hier wird sich entscheiden, wer zukünftig die Welt regieren wird, nämlich der Messias, der Gerechte.

Das Eingreifen des riesigen chinesischen Heeres wird

eine Katastrophe von noch nie erlebtem Ausmaß herauf-
beschwören. Über eine Milliarde Menschen werden ihr
Leben lassen müssen, unsagbares Leid kommt über die
Menschheit.

Bei Harmagedon wird der Kommunismus – auch chi-
nesischer Prägung – untergehen, und die barbarische Ty-
rannei wird ihr Ende finden.

Aus dieser Sicht betrachtet, gibt es keine Hoffnung für
das kommunistische China und auch nicht für die anderen
Staaten des Fernen Ostens.

FAZIT

Es wirkte eigentlich immer ein wenig befremdlich, wenn
sich die großen westlichen Industrienationen der Welt zu
einer Konferenz trafen und der jeweilige japanische Ministerpräsident mit von der Partie war. Man ist daran gewöhnt, von einem Wirtschaftswunder in Deutschland in
den Nachkriegsjahren zu sprechen; aber Japan ist doch so
weit, weit weg. Dabei ist der ökonomische Erfolg der Japaner, dieses 120-Millionen-Volkes, noch höher einzu-
stufen. Heute hat alle Welt Angst vor den wirtschaftlichen Superleistungen der Asiaten aus Nippon, dem Land
der aufgehenden Sonne. Nippon, so nennen sich die Japaner selbst, und das bedeutet Quelle der Sonne. Ihre
Flagge zeigt eine rote Sonne auf einem weißen Feld. Die
Bezeichnung aus der Bibel für den König des Ostens
heißt übrigens „König der aufgehenden Sonne".

Der japanische Ministerpräsident ist bei den westlichen Industrienationen wirklich fehl am Platze. Seien Sie
ganz sicher, Japan – und das zeichnet sich bereits heute
deutlich ab – wird zu einem Gesinnungsgenossen von
China, und eine schreckliche Allianz zieht herauf. China
braucht die geniale Wirtschaftsintelligenz der Japaner,
das Atompotential der Inder. Gepaart mit seinen Men-
schenmassen bereitet es sich für den Wahnsinnskampf
von Harmagedon vor.

Aus den Aussagen Jesu wissen wir, daß Dämonen (böse Geister, gefallene Engel) in Menschen und Tieren hausen können. Die Stelle in Offenbarung 9, Vers 15, sagt uns, daß vier mächtige Dämonen-Feldherren am Fluß Euphrat gefangengehalten sind, bis die Invasion aus dem Osten losbricht. Johannes erläutert, wie diese Generäle unter Kontrolle gehalten werden, bis „zur Stunde, Tag, Monat und Jahr" des Totalangriffes. Ihre Arbeit entspricht ihrem Charakter: dämonisch (teuflisch) und furchtbar. Sie sind verantwortlich für das Auslöschen eines Drittels der Weltbevölkerung. Stellen Sie sich einmal vor, was für ein Heer diese Viererbande befehligt: Eine Armee fast dreieinhalbmal so groß wie die gesamte Bevölkerung der Bundesrepublik.

Jetzt verstehen wir, warum die Bibel sagt, es wird eine Schreckenszeit sein, wie sie die Weltgeschichte noch nie gesehen hat. Der unaufhaltsame Aufstieg der Nationen China und Japan verheißt weltpolitisch nichts Gutes. Der apokalyptische Angriff des Riesenheeres und der Tod eines Drittels der Erdbewohner geschieht, so beschreibt die Bibel in Offenbarung 9, 17-18, durch Feuer, Rauch und Schwefel.

Erst heute können wir begreifen, was Sacharja (Kapitel 14, Vers 12) meint, wenn er schreibt: „Ihr Fleisch wird verwesen, während sie noch auf ihren Füßen stehen, und ihre Augen werden in Löchern verwesen und ihre Zunge im Mund verwesen." Das ist ein haargenaues Bild eines Atomkrieges mit Neutronenwaffen und eine Beschreibung der nuklearen Verseuchung.

Es muß alles so kommen. Noch vor einigen Jahren waren sich die kommunistischen Großnationen Sowjetunion und China in ihren Zielen einig. Das hat sich gehörig geändert. Heute sind sie sich spinnefeind. Und bitte, machen wir uns keine Illusionen über eine Annäherung Chinas an den Westen. Die Bibel spricht eine andere Sprache. Und die Bibel hat doch recht.

Die
Überlebens-
chance

Wie kleinlich, verderbt, neidisch und ruhmsüchtig sind doch alle Verneiner Gottes und des Jenseits. Indem sie Christus beseitigen, vernichten sie das unerreichbare Ziel der Schönheit und der Güte in der Menschheit, und was schlagen sie als Ersatz auch nur annähernd Gleichwertiges vor? Es gibt in dieser Zeit nur eine wirklich schöne Gestalt: Christus!

Fjodor Dostojewski

ROSIGE ZUKUNFT?

Sie wissen, was ein Defätist ist: Ein Miesmacher, der uns mit Gruselgeschichten das Fürchten lehrt, der uns immer wieder beweisen will, wie die Erde ihrer endgültigen Katastrophe entgegentreibt. Wäre es nicht einfacher gewesen, für uns eine rosige Zukunft zu malen, so wie zum Beispiel Alvin Toffler (dessen Buch „Der Zukunftsschock" sieben Millionen Auflage erreichte), der seinen staunenden Mitmenschen in seinem neuesten Werk „Die Zukunftschance" den Ausweg aus der Krise anbietet.

Nun also schwappt nach Meinung Tofflers die „Dritte Welle" (das Buch heißt im Amerikanischen: „The third wave") über die Wirtschaftwunderländer. Er beschreibt, wie sich Energie künftig aus Fotozellen, durch Windmühlen und Meereswogen gewinnen läßt. Die industrielle Zukunft beruht auf den wissenschaftlichen Geniestreichen der Quantenelektronik, Kernphysik, Weltraumwissenschaft, Molekularbiologie und Informationstheorie.

Alvin Toffler singt ein Loblied auf die Heimarbeit. Meister Computer macht's möglich. Die hochtrainierten Fachkräfte sitzen und schwitzen am Heimcomputer, arbeiten im Wohnzimmer – und siehe da, auf einmal sind alle Familien wieder intakt, denn man lebt wieder auf engem Raum zusammen. Für die arme, geplagte Menschheit heißt der Slogan: „Wir sind noch einmal davongekommen. Der Wohlstand und die Sorglosigkeit haben uns wieder eingefangen ..."

Sie merken schon selbst, daß angesichts der Fakten, die Tofflers Traum gegenüberstehen, die Problemlösung so einfach wohl nicht ist.

Der Maßstab, den wir anlegen müssen, um die Zukunft auszurechnen, liegt weder in der „Dritten Welle", wie Toffler meint, noch in der Hochrechnung der traurigen Fakten, mit denen wir tagtäglich konfrontiert werden. Diese traurigen Fakten haben lediglich für die Analyse der Gegenwart und bei der Einreihung in die biblischen

Voraussagen eine Bedeutung. Da die Bibel in allen ihren Vorhersagen recht behielt, wird sie auch in der Zustandsbeschreibung der letzten Jahre der Endzeit recht behalten. Deswegen ist es wichtig, die Zeichen der Zeit recht zu deuten und konkret einzuordnen. Auf Grund dieser Einordnung ist eine Wohlstands- und Überflußerwartung unrealistisch.

Nicht die rosige Zukunft wartet auf uns, sondern ein ausgeprägtes Chaos. Dieses Chaos wird nun nicht urplötzlich entstehen, sondern Schritt für Schritt von den jeweils verantwortlichen Menschen initiiert werden.

Wo nun Verantwortung mißbraucht wird – und sie wird dort immer wieder mißbraucht, wo sie sich in einer Loslösung der Verpflichtung gegenüber den Geboten Gottes verselbständigt – stellen sich bedenkliche Zerfallserscheinungen ein.

Die Heilige Schrift läßt hier keine falsche Deutung zu, indem uns folgende Verpflichtungen auferlegt werden: „Wenn mein Volk, über das mein Name genannt ist, sich demütigt, daß sie beten und mein Angesicht suchen und sich von ihren bösen Wegen bekehren, so will ich vom Himmel her hören und ihre Sünde vergeben und ihr Land heilen" (2. Chronik 7,14).

Wir müssen umkehren, Buße tun (auch wenn das Wort so altmodisch klingt), um neue Menschen zu werden, sonst ist unser Niedergang unausweichlich.

DER NEUE MENSCH

Ein Schild mit der Aufschrift „Kein Frieden ohne Jesus Christus" stand am Ortseingang eines kleinen Dorfes. Meine Frau und ich waren einen kleinen Umweg gefahren, als wir in dieses Dorf kamen. Wir hatten schon die Hoffnung aufgegeben, Menschen zu finden, die Jesus Christus als ihren Heiland und Retter persönlich erfahren hatten. Unser ganzes Leben hatte sich, seit Jesus Christus in unser Leben getreten war, verändert. Wir hungerten und dürsteten nach Gemeinschaft mit anderen Christen, die auch erfahren hatten, daß Jesus der einzige Weg zu Gott und zur Wahrheit ist. Vergeblich hatten wir die Kirche in unserem Ort besucht, denn wir mußten feststellen, daß der Pastor gar nicht an das, was in der Bibel stand, glaubte. Gespräche mit ihm bestätigten diesen Eindruck noch. Als wir zu ihm von Jesus als unserem Herrn sprachen, der unser ganzes Leben verändert hatte, merkten wir, daß ihm dieses Gespräch unangenehm, fast peinlich war. Wie man es bei lästigen Besuchern zu tun pflegt, drückte er schnell die Türklinke herunter, um uns so schnell wie möglich loszuwerden.

Ein Presbyter, mit dem wir kurz darauf sprachen, bedauerte uns ein wenig, aber wenigstens konnte er sich an ähnliche Aussagen erinnern, die ein Pastor vor Jahren auf der Kanzel gemacht hatte. Die Tonbänder seien sicherlich wegen „Nichtbenötigtwerdens" gelöscht, aber vielleicht fände sich doch noch eins. So war es schließlich. Unsere Freude äußerte sich in Tränen: Hier berichtete einer von den drei Kreuzen auf Golgatha, besonders von dem in der Mitte. Dort hing er, der für meine Schuld gestorben war. Durch den Presbyter erfuhren wir, daß der Pastor, es war Wilhelm Busch, vor 10 Jahren, ein Jahr vor seinem Tod, eine Woche lang eine Evangelisation durchgeführt hatte.

Sie fragen sich mit Recht, wie und durch wen meine Frau und ich denn zum Glauben gekommen waren. Das war so:

Gabi, meine Frau, suchte seit vielen Jahren nach dem eigentlichen Sinn ihres Lebens. Das führte sie zu Vorlesungen über Transzendentale Meditation bis hin zum Studium der fernöstlichen Religionen. Antwort auf ihre Fragen gab ihr das alles nicht, bis sie eines Tages zur Bibel griff. Nachdem sie sich Tage und Wochen ausgiebig mit diesem Buch befaßt hatte und unser Gesprächsstoff fast nur noch „biblisches Gedankengut" war, fing ich an, ihr übereifriges Studium zu kritisieren. Aber bald mußte ich erstaunt zur Kenntis nehmen, wie sich ihr Leben fast täglich veränderte. Das hatte bis jetzt noch keine andere Ideologie oder Religion, mit der sie sich beschäftigt hatte, zustande gebracht. Ich wurde neugierig.

Warum in aller Welt schrieb sie Leuten Entschuldigungsbriefe für Dinge, die Jahre zurücklagen? Warum nur zahlte sie Geld zurück, das sie jemandem schuldete, obwohl es längst vergessen war? Warum bereute sie oft unter Tränen Dinge, die sie verkehrt gemacht hatte und die sie jetzt „Sünde" nannte?

Erinnern Sie sich, wie ich Ihnen auf den ersten Seiten sagte, wie mich so einmal jährlich der Gedanke beschäftigte, was wohl einmal mit mir sein würde, wenn ich stürbe. Immer wieder habe ich diesen Gedanken mit Erfolg verdrängt. Jetzt, als ich sah, wie sich Gabi so völlig veränderte und als wir so viel über die Bibel sprachen, war diese kleine, alljährliche Erfahrung das einzige, was ich in unsere Gespräche einzubringen hatte.

Die Neugier ließ mich fortan nicht mehr los. Also begann auch ich, in der Bibel zu lesen, und lernte begreifen, was Wilhelm Busch auf der noch nicht gelöschten Tonbandkassette über das Kreuz von Golgatha sagte. Da starb jemand für meine Schuld, für mein Versagen, für meine Hoffnungslosigkeit. Ich darf Hoffnung schöpfen, weil Jesus mir die Frage, ob es ein Weiterleben nach dem Tod gibt, beantworten kann.

Ich fand die Bibel so spannend, daß ich mit dem Lesen nicht mehr aufhören konnte, und sehr schnell wurde mir auch klar, daß ich, so wie ich war, vor einem heiligen Gott nicht bestehen konnte. Aber ich wollte so gern dabeisein, wenn die Christen von ihrem Erlöser in den Himmel geholt werden.

Vom Tag meiner Bekehrung im Jahr 1972 bis zum heutigen Tag hatte ich nie den geringsten Zweifel, daß Jesus Christus bald wiederkommen wird. Und mir war klar, daß es unsere erste und wichtigste Aufgabe ist, die Menschen darauf hinzuweisen, daß es ein furchtbarer Irrtum ist anzunehmen, mit Taufe, Kommunion oder Konfirmation hätten wir einen Freifahrtschein zum ewigen Leben. „Wenn jemand nicht von neuem geboren wird, kann er das Reich Gottes nicht sehen" (Johannes 3,3). Daher ist es nötig, daß wir diese Bedingung erfüllen. Wir erfüllen sie, indem wir unser Unvermögen eingestehen, unser ungöttliches Tun bereuen und dann erfahren, daß Jesus Christus unsere ganze Schuld bezahlt hat, denn „Gott aber erweist seine Liebe zu uns darin, daß Christus für uns gestorben ist, als wir noch Sünder waren" (Römer 5,8).

Als ich diesen Schritt gewagt hatte, erhielt mein Leben eine völlig neue Dimension, eine Freude, von der ich vorher keine Ahnung hatte. Nun war es für mich zur Gewißheit geworden: „Allen aber, die ihn aufnahmen und an seinen Namen glaubten, denen gab er Macht, Gottes Kinder zu werden" (Johannes 1,12).

Vielleicht geht es Ihnen wie mir damals, und die Berichte über das, was bald geschehen wird, haben Sie unvorbereitet getroffen. Vielleicht erkennen Sie wie ich, was Hal Lindsey sagt: „Der Mensch kann 40 Tage ohne Nahrung leben, ungefähr 3 Tage ohne Wasser, ungefähr 8 Minuten ohne Luft …, aber überhaupt nicht ohne Hoffnung." Dann tun Sie schnell und gründlich, was die Sängerin Inge Brück singt: „Sag ja zu Jesus!" Werden Sie ein „neuer Mensch". Dann wird eine Hoffnung in Ihnen zur Gewißheit, die nicht nur für wenige Augenblicke hält, sondern ausreicht für Zeit und Ewigkeit.

SIEHE, NEUES IST GEWORDEN

„Manche Leute meinen, ich sei damals zäh und draufgängerisch gewesen und heute lahm und weich. Das Gegenteil ist der Fall! Damals war ich schwächer und verletzbarer als heute, und ich war unberechenbar, ja unzugänglich für die meisten. Viele von denen, die während dieser sieben Jahre, in denen ich völlig von Tabletten abhängig war, mit mir Umgang hatten, rechneten jeden Tag mit meinem Tod. Die meisten Freunde und Bekannten gaben mich mehr als einmal auf. Aber ich wußte, daß ich nicht sterben würde. Ich rannte weg von Gott und von allem, was ich nach seinem Willen hätte tun sollen. Dennoch war mir klar, ich würde ermüden, bevor er müde würde, und ich würde mich ändern, bevor er mich aufgab. In Wirklichkeit gab er mich keinen Augenblick lang auf. Deshalb gab ich nach, streckte die Hand nach ihm aus, und er zog mich aus dem Sumpf. Die Wandlung, die dann eintrat, war heilsam für meinen Geist und für meinen Körper. Mit ihr zog Friede, Vertrauen und Verstehen in mein Herz."

So beschreibt Johnny Cash seine Umkehr in seinem Buch „Der Mann in Schwarz" (Verlag Schulte + Gerth, 1981). So elementar kann Gott durch Jesus Christus in ein verkorkstes Leben eingreifen.

Ein Beispiel der letzten Wochen mag genügen, um darzustellen, wie Gott ein Leben sofort völlig umgestalten kann.

Man könnte ja einwenden, die Not müsse uns erst bis zum Halse stehen, dann wären wir auch reif für eine solche Entscheidung. Ich denke an das junge Ehepaar, er Arzt, sie Lehrerin. Eigentlich kein Grund, ein Leben zu ändern, das doch gerade erst richtig Fuß gefaßt hat, wo nach Studium und Assistenzarztzeit endlich das große Geldverdienen und das besondere Genießen an der Reihe sind. Nun, nach genauem Hinhören und Hinsehen kam wie bei jedem von uns doch einiges ans Tageslicht, was vor einem heiligen Gott keinen Bestand hat. Sie hätten die Freude erleben müssen, nachdem das Ja zu Gottes Wegen gesagt war. Ungefähr 100 Leute saßen bei einer christlichen Konferenz zusammen, als die junge Frau aufstand, um alle wissen zu lassen, daß sie eigentlich ihrer unglaublichen Freude nur so Ausdruck geben könne, indem sie jeden umarme.

Ich teile mit allen wiedergeborenen Christen die fast

unbeschreibliche Hoffnung auf eine großartige Zukunft. Sie alle, von denen man sagen kann „Siehe, Neues ist geworden", warten auf ein bestimmtes Ereignis in nicht allzuferner Zukunft.

Haben Sie schon einmal von dem großen „Exodus" gehört? Von der Entrückung, diesem Zeitereignis, von dem ich überzeugt bin, daß es uns unmittelbar bevorsteht? Es gibt kein Thema, über das ich lieber schreiben würde.

Es waren die ersten biblischen Verheißungen, die mich Ostern 1972 so überaus freudig stimmten. Ist es wirklich wahr, daß Jesus Christus bald wiederkommt in den Wolken, um die, die an Ihn glauben, zu sich in die herrliche Ewigkeit zu holen? Wie oft habe ich mir vor meiner Bekehrung Zukunftsträume ausgemalt, wie oft hat sich meine Fantasie mit einer herrlichen Zukunft beschäftigt, die über den Tod hinausreicht. Sollte das nun der Wirklichkeit entsprechen? Es war zu schön, um wahr zu sein. Aber es stimmt.

DER GROSSE EXODUS

Oft findet man die verzweifelten Abschiedsworte von Selbstmördern als zerknüllte Notiz in ihrer Hosentasche: „Ich habe meinem Leben ein Ende gesetzt, da ich ohne Hoffnung nicht weiterleben kann." Wie oft begegnen wir dem Satz: „Das Leben ist für mich so sinnlos geworden, ich habe starke Depressionen!" Wir verstehen das gut, denn was für die Lungen der Sauerstoff ist, das ist für ein sinnvolles Leben die Hoffnung.

Diese lebendige Hoffnung finden Sie, wenn Sie die Worte Jesu an seine Jünger – das heißt also auch an uns, die wir an Ihn glauben – lesen: „Im Hause meines Vaters sind viele Wohnungen – wenn's nicht so wäre, hätte ich's euch gesagt, denn ich gehe ja hin, um die Stätte für euch bereitzumachen. Wenn ich nun hingehe und die Stätte für euch bereitmache, will ich wiederkommen und euch zu mir nehmen, damit ihr seid, wo ich bin" (Johannes 14,2-3). – Hier ist Hoffnung, die wunderbare Hoffnung auf eine himmlische Wohnung. Von derselben Hoffnung sprechen auch meine Lieblingsverse in der Bibel, die im 1. Thessalonicherbrief, Kapitel 4, Verse 16 und 17 stehen:

„Denn er selbst, der Herr, wird mit Feldgeschrei und der Stimme des Erzengels und mit der Posaune Gottes herniederkommen vom Himmel, und die Toten in Christus werden auferstehen zuerst. Danach wir, die wir leben und übrig bleiben, werden zugleich mit ihnen hingerückt werden in den Wolken dem Herrn entgegen in der Luft, und werden also bei dem Herrn sein allezeit."

Die Wiederkunft Jesu wird etwas Gewaltiges sein. Der Mensch wird die herrlichste Reise der gesamten Weltgeschichte antreten. Paulus regte den jungen Titus mit dem Hinweis zum Predigtdienst an, er solle „warten auf die selige Hoffnung und Erscheinung der Herrlichkeit des großen Gottes und unseres Heilandes Jesu Christi."

Was für ein Tag, „wenn Christus, euer Leben, sich offenbaren wird, dann werdet auch ihr offenbar werden mit ihm in der Herrlichkeit" (Kolosser 3,4). Selbst die Christen, die vor der Wiederkunft Christi sterben, brauchen nicht traurig zu sein. Sie werden bei der Entrückung sogar denen noch zuvorkommen, die dann auf der Erde leben. Schon dieses Sterben hat bei vielen Christen etwas von dem Glanz der Entrückung an sich, und es gibt kaum ein stärkeres Zeugnis für den bald wiederkommenden Herrn, als wenn man hört, was solche Christen in ihrer letzten Stunde mit ihrem Herrn erleben.

Als Chrysostomus, der bedeutendste Prediger in den ersten Jahrhunderten nach Christus, starb, rief er aus: „Herrliche Ereignisse, Ereignisse der Erfüllung!" Ein anderer Christ drückte es so aus: „Die Sonne geht unter, meine geht auf. Von diesem Sterbebett gehe ich meiner Krone entgegen. Lebt wohl!" Eine Christin frohlockte: „Der herrliche Wagen ist angekommen, und ich bin zum Einsteigen bereit."

Die Wiederkunft Jesu Christi ist für die Seinen in der Tat ein ständiges Licht auf ihrem Weg, das ihre Gegenwart hell und froh macht. Wenn Jesus nicht wiederkäme, sollten wir unsere Bibeln und unsere Kirchen schließen; wenn wir aber darauf vertrauen, daß er wirklich kommt, dann sollten wir auch nicht mehr schweigen, sondern davon singen, predigen, sprechen, schreiben und diese kostbare Hoffnung überall bekanntmachen. Jesus hat das ernste Wort ausgesprochen: „Wer sich meiner und meiner Worte schämt unter diesem ehebrecherischen und sündigen Geschlecht, dessen wird sich auch des Menschen Sohn schämen, wenn er kommen wird in der Herrlichkeit seines Vaters mit den herrlichen Engeln" (Markus 8,38).

EIN GROSSES GEHEIMNIS

Wie gut, daß der allmächtige Gott nicht an unsere Vorstellungswelt gebunden ist, wie gut, daß seine Gedanken höher sind als unsere Gedanken. So ist es eine herrliche Verheißung, die Paulus an die Korinther schreibt: „Siehe, ich sage euch ein Geheimnis: Wir werden nicht alle entschlafen, wir werden aber alle verwandelt werden; und das plötzlich, in einem Augenblick, zu der Zeit der letzten Posaune. Denn die Posaune wird erschallen, und die Toten werden auferstehen unverweslich, und wir werden verwandelt werden" (1. Korinther 15,51-52).

Die Not der Christen ist es weithin, nicht mehr einen Glauben, ein unerschütterliches Vertrauen wie die Kinder haben zu wollen. Schließlich leben wir doch in dem Zeitalter der Vernunft, schließlich müssen wir die wissenschaftlichen Erkenntnisse in unser Glaubensleben voll und ganz einbeziehen. So weit, so gut, doch dabei haben wir alles kindliche Vertrauen verloren und finden an uns selbst eine pharisäische Gesinnung.

Diesem Vertrauen mag es nicht so fremd erscheinen, daß Gott auch heute Tag für Tag so viele große und kleine Wunder tut. Nun darf zu diesem Glauben das sichere und unumstößliche Zeugnis der Bibel kommen, die uns sagt, daß das Kommen unseres Herrn sich in zwei Etappen vollzieht. Es ist außerordentlich wichtig, das richtig einzuordnen.

Die erste Etappe, bei der die Christen zu ihm „entrückt" werden, ist sein Wiederkommen <u>für</u> die Seinen, und die zweite Etappe ist sein Kommen, wir nennen sie die Offenbarung, <u>mit</u> den Seinen. Dazwischen liegen nach aller Voraussicht ungefähr sieben Jahre, die sogenannte Drangsalszeit.

So kann die Entrückung jeden Tag passieren, denn da ist nichts, auf was wir noch zu warten hätten. Im Gegenteil, wir haben gesehen, wie sich die dunklen Wolken immer mehr zusammenbrauen. Jesus verzieht sein Kommen nicht, wie manche meinen. Es wird Menschen geben, die den Tod nicht schmecken müssen, und es deutet alles darauf hin, daß wir die Generation sind, von der gesagt wird, sie würde in einem Augenblick verwandelt werden. Der Text sagt hier „atomos", und das ist der Bruchteil einer Sekunde.

Meine Fantasie reicht nicht aus, dieses ganze ungewöhnliche Geschehen darzustellen. Doch eines darf ich verraten: Man darf mich gern eines kindlichen Glaubens bezichtigen, aber ich weiß genau, so wird es alles geschehen, weil die Heilige Schrift es so sagt.

In der Luft treffen wir unseren Erlöser, um die herrliche Ewigkeit mit dem zu beginnen, der sagt:

„Ich bin die Auferstehung und das Leben" (Johannes 11,25).

Dann werden wir ihn sehen, wie er ist. Endlich – wie lange haben wir darauf gewartet.

Ich kenne Joni, ein gelähmtes Mädchen aus Amerika. Viele haben ihren Film gesehen, andere haben ihre beiden Bücher gelesen, die so vielen Millionen Menschen zum Segen geworden sind. Sie freut sich darauf, im Himmel wieder laufen und springen zu können. Wie oft mögen ihre Gedanken zurückgegangen sein zu diesem Tag des Badeunfalles, als sie gerade siebzehn war. Sie war ein Mädchen wie so viele andere junge Menschen: sie hatte eine überschäumende Freude am Leben. Dann kam der Tag, der ihr ganzes Dasein veränderte. Können wir die Freude teilen, wenn sie uns wissen läßt, wie sehr sie den Tag der Wiederkunft Jesu herbeisehnt?

AUS HIMMLISCHER SICHT

Warum können wir so gewiß sein, daß beim Hereinbrechen der Gottesgerichte (während der Trübsal) über diese Welt die Gemeinde Jesu Christi bereits im Himmel sein wird? Eine Antwort gibt Paulus, der die Thessalonicher für die Abkehr von ihrem Götzendienst lobt, um dem „wahren und lebendigen Gott zu dienen, und zu warten auf seinen Sohn vom Himmel, den er auferweckt hat von den Toten, Jesum, der uns von dem zukünftigen Zorn erlöst" (1. Thessalonicher 1,9), und er läßt dieselbe Gemeinde wissen: „Denn Gott hat uns nicht gesetzt zum Zorn …" (1. Thessalonicher 5,9).

Für alle, die das Sterben Jesu Christi am Kreuz von Golgatha zur Sühnung ihrer eigenen Schuld akzeptiert haben, gibt es kein weiteres Zorngericht Gottes. Die verschiedenen Zeitperioden, von denen die Heilige Schrift berichtet, begannen immer mit dem Angebot der Gnade von seiten Gottes und endeten immer mit Gericht. So wird es auch jetzt sein. Es gibt ein Gericht für alle, die das Gericht, das der Gottessohn für sie bereits auf Golgatha erduldete, ablehnten. Darum heißt die schreckliche Gerichtsperiode auch „Drangsal Jakob", weil sie zuerst dem Volk Israel gilt, das Jesus verwarf, und danach den vielen Menschen, die dasselbe negative Urteil über den Gottessohn aussprechen.

In dem letzten Buch der Bibel finden wir eine weitere Antwort. Johannes wird erklärt, daß die sieben Leuchter, die er gesehen hat, sieben Gemeinden darstellen. Sie sind unter anderem kennzeichnend für die gesamte Gemeinde und erfahren in sieben Briefen durch die Worte des Johannes viel Tadel, aber auch hier und da Lob. „Danach sah ich, und siehe, im Himmel war eine Tür, und die Stimme, die ich zuerst mit mir hatte reden hören wie eine Posaune, die sprach: Komm herauf, ich will dir zeigen, was künftig geschehen muß" (Offenbarung 4,1).

Der Dialog mit der Gemeinde, die auch Johannes repräsentiert, ist nun beendet, und Johannes erfährt nun quasi aus erster Hand und aus „himmlischer Sicht", was danach geschehen soll. So öffnet das Lamm das Buch mit den sieben Siegeln, und die großen Gerichte beginnen.

Wie Johannes den Zorn Gottes über diese Erde von „oben" miterlebt (denn welcher Grund wäre sonst für die Worte „Komm herauf" vorhanden), so erleben auch die echten Christen die kommenden Katastrophen aus derselben Blickrichtung.

Sehr genau und detailliert ist nun der Ablauf der apokalyptischen Gerichte geschildert, die die entrückten Gläubigen aus der „Vogelperspektive" miterleben.

Die Bibel gibt uns keine eindeutige Antwort, inwieweit die wahren Christen in den Gerichtsablauf, der sich auf der Erde abspielen wird, einbezogen sind. Sie läßt uns aber wissen, daß sie dabei sind, wenn Jesus sichtbar für die ganze Welt auf den Ölberg in Jerusalem zurückkommt.

Es leuchtet also ein, daß die Christen zum Zeitpunkt der sichtbaren Wiederkunft Jesu – wir nannten das die Offenbarung – mit ihm vereinigt sein müssen; denn sonst könnten sie ihn ja nicht begleiten.

Es gibt unterschiedliche Meinungen darüber, wann der genaue Zeitpunkt der Entrückung ist. Die einen meinen, sie geschehe erst am Ende der Trübsalszeit und die Gemeinde müsse noch durch die Gerichte Gottes. Die anderen vermuten eine Entrückung in der Mitte der Trübsal.

Ich bin überzeugt, daß wir die Zorngerichte Gottes nicht erleben werden, weil diese schwere Zeit der sieben Jahre und besonders die zweite Hälfte dieser Periode die

„Drangsal Jakobs" heißt und in erster Linie einen Läuterungsprozeß für das Volk Israel bedeutet.

Ein anderer hilfreicher Hinweis steht im zweiten Thessalonicherbrief im zweiten Kapitel. Dort heißt es in Vers 7: „Denn das Geheimnis der Gesetzlosigkeit ist bereits am Werk; nur muß der, der es jetzt noch zurückhält, aus dem Weg sein. Dann wird der Gesetzlose (gemeint ist hier der Antichrist) offenbart werden, den der Herr Jesus beseitigen wird durch den Hauch seines Mundes und vernichten durch die Erscheinung seiner Ankunft." Die meisten Bibelausleger sind sich darüber einig, daß der, der „noch aufhält", der Heilige Geist ist. Der Heilige Geist, der jetzt in den Gläubigen wohnt, wird von der Erde genommen werden, das heißt, wir werden entrückt, und erst dann kann sich der Gesetzlose offenbaren.

ENTRÜCKUNG – KANN MAN DAS BEGREIFEN?

Lange Jahre verdrängte die Wohlstandsgesellschaft die Frage nach dem Leben nach dem Tod geradezu aus ihrem Denken. Es war einfach peinlich und unangenehm, darüber nachzusinnen. Aber das scheint sich in den letzten wenigen Jahren geändert zu haben. So denkt jeder fünfte Soldat in unserem Land „oft" an den Tod, jeder zweite hat „Angst vor dem Tod", jeder dritte leidet unter „Angst vor der Zukunft", jeder vierte glaubt an eine „Auferstehung der Toten". Nun sagen diese Zahlen allein nicht viel aus. Aber vor neun Jahren dachte nur jeder zehnte Soldat „oft" an den Tod. Fast dreimal so viel Soldaten wie vor neun Jahren räumen ein, daß es einen Himmel gibt.

Vor der ersten Mondlandung befragte eine Zeitung eine Reihe Menschen, ob sie daran glauben, daß der Mensch auf dem Mond landen könne oder ob sie das bezweifeln. Bei der Auswertung der Umfrage war man über den Prozentsatz derer verblüfft, die das ganze Unternehmen für eine klug eingefädelte Betrugsaffäre hielten. Weshalb? Weil die physikalischen Gesetze des Raumfluges jenseits ihres Vorstellungsvermögens lagen. Sie waren nicht bereit, etwas zu glauben, was sie nicht begreifen konnten. So nimmt zwar die Zahl derer zu, die mit den Begriffen wie Leben nach dem Tod und Auferstehung wieder etwas anzufangen wissen, aber eine so gewaltige Sache wie die Entrückung liegt außerhalb ihrer Vorstellungswelt.

Es ist so dringlich in diesem Buch auf die Zeichen der Zeit hingewiesen worden, um rechtzeitig zu warnen. Es gibt keinen weiteren „countdown", der noch eine Zeitspanne übrigläßt, in der wir uns ja dann noch immer entscheiden können. Wenn die Christen entrückt sind, fällt die „Schächergnade" aus, die dem Verbrecher am Kreuz in seinen letzten Lebensminuten noch das Paradies garantierte. Wer einmal bewußt das Evangelium ablehnte, dem steht während der Trübsalszeit keine Möglichkeit zum „Wiedergeborenwerden" mehr offen.

Halten wir es mit Martin Luther und machen schnell eine klare Sache mit dem Ja zu Jesus Christus, um auch sagen zu können: „Ich lebe so, als ob Jesus Christus gestern gestorben, heute auferstanden wäre und morgen wiederkommen würde."

Aber lassen wir auch einen weiteren Satz von Luther gelten: „Jesus gefiel es, den Tag seines Kommens geheimzuhalten, damit wir, da wir in Ungewißheit leben, heute zu allen Zeiten wachsam seien." Es gilt der Hinweis, der in Markus 13,32 steht: „Von dem Tage aber und der Stunde weiß niemand, auch die Engel im Himmel nicht, auch nicht der Sohn, sondern allein der Vater." Wir sind aufgefordert, auf die Zeichen der Zeit, die dem Kommen Jesu vorausgehen, zu achten; aber es ist uns untersagt, Tag und Stunde auszurechnen. Um uns eine Hilfe für die zeitliche Einordnung zu geben, soll der folgende Abschnitt dienen.

DIE GROSSE WOCHE DER MENSCHHEITS-GESCHICHTE

Israel ist ohne Frage das eindeutigste Zeichen der Zeit, in der wir leben. Viele Berechnungen umranken gerade dieses „heiße Eisen". Einige bekannte Bibelausleger, die ihre Aussagen am Anfang dieses Jahrhunderts weitergaben, wiesen immer darauf hin, daß das Zweite Kommen unseres Herrn erst dann stattfinden könnte, wenn sich Israel wieder als Nation in Palästina zusammengefunden hat.

Es ist absolut richtig, daß dieses große Ereignis zuerst zu geschehen hatte. Nun sind viele der Auffassung, daß das Jahr 1948 auf Matthäus 24 zu beziehen ist, wo es heißt, daß die Generation, die alle diese Zeichen bestätigt sehe, nicht vergehe, bevor der Herr Jesus Christus wiederkäme. Eine Generation umfaßt nach biblischem Vorbild ungefähr dreißig bis vierzig Jahre. Andere meinen, das Hinzurechnen der vierzig Jahre sei auf das Jahr 1967 zu beziehen, als Israel Jerusalem eroberte. Wie dem auch sei, wir wenden uns einer Theorie zu, die einige hervorragende Bibelkenner in dem Buch „Grundzüge biblischer Offenbarungen" ausführen. Diese Theorie ist auf „sieben Tage" und die „Schöpfungswoche" aufgebaut und die Aussage des Petrus: „... daß beim Herrn ein Tag ist wie tausend Jahre und tausend Jahre wie ein Tag."

Das Tausendjährige Reich ist im Alten Testament beschrieben als ein Sabbat-Jahrtausend der Ruhe. Stellen wie Hebräer 4, 4-11 beziehen sich auf diese Bedeutung im Zusammenhang mit dem „siebten Tag" der „Schöpfungswoche". Nun ist klar, daß das Tausendjährige Reich 1000 Jahre dauern wird. Wenn es dem „siebten Tag" der „Schöpfungswoche" entspricht, warum sollten dann nicht die anderen Tage dieselbe Zeitdauer haben. Wenn diese Tage-Rechnung der Zeitdauer der menschlichen Geschichte entspricht, dann lägen zwischen der Schöpfungswoche und dem Tausendjährigen Reich 6000 Jahre Menschheitsgeschichte. Zur Stützung dieser Theorie können wir Tatsachen anführen, daß ein sorgfältiges Studium der Geschlechtsregister und der Geschichte des Alten Testaments uns zeigt, daß zwischen Adam und Christi Geburt eine Zeit von ungefähr 4000 Jahren liegt, oder vier Tage, entsprechend den ersten vier Tagen der Schöpfungswoche. Von Christus bis in unsere jetzige Zeit sind fast zwei Tage von je 1000 Jahren vollendet. Das sind zusammen sechs Tage oder 6000 Jahre Menschheitsgeschichte. Da Jesus Christus vor dem Tausendjährigen Reich zurückkommen wird und alle Anzeichen auf seine baldige Wiederkunft hindeuten, ist wohl die Theorie, daß die sieben Tage der Schöpfungswoche den sieben Eintausend-Jahrperioden der Menschheitsgeschichte entsprechen, nicht ungerechtfertigt.

Wenn unsere Folgerung richtig ist, dann wird deutlich, daß die Wiederkunft Jesu noch vor Ablauf dieses Jahrtausends stattfinden kann.

DER ZEITKALENDER

Wir haben nach Rückkehr der Juden in ihr Land auf keine weiteren Zeitereignisse vor der Entrückung mehr zu warten. Wir verstehen auch, wie wichtig der „Exodus" aus dem Blickwinkel der dann folgenden Ereignisse ist, da er die Bahn für das Auftreten des Widersachers Gottes, des Menschen der Sünde, bereitet. Denn das, was den Antichristen noch aufhält, der Heilige Geist, muß aus dem Weg. Ich habe immer wieder darauf hingewiesen, daß das Erscheinen des „Supermenschen" ein gewisses Chaos zur Voraussetzung hat, denn kein Mensch schreit nach einem starken Führer, wenn alle Dinge ihren gewohnten, zufriedenstellenden Verlauf nehmen.

Aus diesem Grund gehe ich davon aus, daß zwei ganz entscheidende Dinge passieren müssen, bevor der Antichrist auftritt:

1. Die Entrückung der Gläubigen, um den Heiligen Geist aus dem Weg zu schaffen.

2. Der Angriff der UdSSR auf Israel und infolgedessen ihre Vernichtung.

Danach nimmt die „Siebzigste Jahrwoche" mit einem ominösen Vertrag ihren Anfang, den der Antichrist mit Israel schließt. Diesen unheilvollen Pakt kann er erst unterzeichnen, wenn sich Israel nach dem Überfall der Sowjetunion wieder langsam erholt und nach einem Schutzbündnis Ausschau hält.

Binden Sie Ihr Heil rechtzeitig durch ein eindeutiges Ja an Jesus Christus, damit Sie der nun folgende Zeitkalender der schrecklichen Ereignisse nicht irritieren muß.

Es stehen noch einige Ereignisse aus, bevor diese Welt durch ein entsetzliches Chaos hindurch einmündet in das Tausendjährige Reich, das unter der Herrschaft und Regierungsgewalt von Jesus Christus steht.

Zuerst wird eine riesige Menschenmenge von der Erde verschwinden. Das große Staunen der Zurückgebliebenen wird bald abgelöst durch zwei entscheidende Ereignisse. Die Sowjetunion greift mit ihren Verbündeten Israel an und erleidet eine übernatürliche und gewaltige Niederlage.	Entrückung 1. Thess. 4,14-18
	Der König des Nordens greift Israel an Hesekiel 38 und 39
Durch das Verschwinden des Machtblocks Sowjetunion und Genossen von der Weltbühne ist die Arena frei für das Auftreten des Antichristen, der einen Siebenjahresvertrag mit Israel schließt. Dieser Bund soll die Souveränität Israels gewährleisten und dem Volk der Juden den Opferkult wieder erlauben.	Antichrist schließt Bund mit Israel Daniel 9,27
Die ersten schrecklichen Gerichte (Siegelgerichte) treffen die Erde.	Siegelgerichte Offenbarung 6

Zwei Zeugen erheben in Jerusalem ihre Stimme wider die Untaten des Antichristen und 144.000 Juden evangelisieren die Welt.

In der Mitte der Trübsalzeit wird Satan mit seinen Dämonen auf die Erde geworfen. Der Antichrist offenbart immer mehr seinen Charakter. Er setzt sich selbst in den Tempel und läßt sich als Gott verehren. Wer dieser Aufforderung nicht nachkomt, muß mit dem Tod rechnen.

Die sieben Posaunengerichte beginnen und richten einen furchtbaren Schaden auf der Erde an. Ein Drittel der Weltbevölkerung kommt um, und ein großer Teil der Fauna und Flora wird zerstört. Diese Posaunengerichte werden in ihrer Gewalt noch übertroffen durch die sieben Zornschalengerichte, die hineinmünden in die große Schlacht von Harmagedon.

Die Völker aus dem Osten bieten ein Heer von 200 Millionen Soldaten auf, um in diesen letzten Kampf gegen den Antichristen zu ziehen. Diese Tage müssen wirklich verkürzt werden, wenn auch nur ein Mensch ohne Schaden davonkommen soll. Inmitten dem Toben der Naturmächte und dem Hinschlachten ganzer Völker kommt Jesus Christus für alle sichtbar wieder auf den Ölberg, der sich in der Mitte teilt.

Satan wird für 1000 Jahre gebunden und der Antichrist und der fal-

Zwei Zeugen
Offenbarung
11,3-12
Satan wird aus
dem Himmel
geworfen
Offenbarung
12,7–13
Antichrist läßt
sich als Gott verehren
2. Thess. 2,4

7 Posaunengerichte
Offenbarung 8-9

7 Zornschalengerichte
Offenbarung 16

Schlacht von
Harmagedon
Offenbarung
16,14-16
Offenbarung
13,5-17
Jesus kommt wieder auf den Ölberg
Matthäus 24,30
und Offenbarung
19,11-21
Satan gebunden
Offenbarung 20,1-3

Prophet lebendig in den Feuersee geworfen.

Das Millennium (Tausendjähriges Reich) beginnt unter Christi Herrschaft und endet mit der erneuten Auflehnung Satans, der losgebunden wird und ein großes Heer von Menschen verführt. Sie ziehen mit ihm nach Jerusalem und werden vom Feuer verzehrt.

Millennium
Offenbarung
20,4-6 u.a.

Satans letzte
Rebellion
Offenbarung
20,2-9

Das Gericht vor dem großen, weißen Thron beginnt. Die Erde wird durch Feuer verbrannt, und ein neuer Himmel und eine neue Erde entstehen. Die Zeit verliert ihre Daseinsform und wird aufgenommen von der Ewigkeit. Gott ist alles in allem. Die Ewigkeit nimmt ihren herrlichen Lauf.

Gericht vor dem
großen, weißen
Thron
Offenbarung
20,11-15
Neuer Himmel
und neue Erde
Offenbarung 21,1-7
u. Offenbarung 22

EIN PERSÖNLICHES WORT

In welcher Lebenssituation hat Sie dieser Zeitplan getroffen? Gehören Sie zu der Gruppe Menschen, die ein unbehagliches Gefühl zurückbehalten, die erschrocken sind und fragen, ob sie denen zugerechnet werden dürfen, die auf die Entrückung warten? Dann bereuen Sie Ihre Schuld und sprechen Sie ein einfaches Gebet und nehmen Jesus Christus als Ihren persönlichen Heiland an. Er allein kann Sie erretten und Sie von Ihrer Schuld befreien. Sodann wird Ihr Geist unmittelbar wiedergeboren. Sie empfangen ein neues Leben, und es gilt, was im zweiten Korintherbrief im fünften Kapitel, Vers 17 steht: „Ist jemand in Christus, so ist er eine neue Schöpfung; das Alte ist vergangen, siehe, ein Neues ist geworden."

Vielleicht gehören Sie aber zu den Leuten, die einmal einen Anfang mit Jesus Christus gemacht haben. Nun jedoch, nach einer gewissen Zeit, sind Sie enttäuscht. Sie haben beim Lesen dieses Buches gemerkt, daß wir dem Kommen unseres Herrn näher sind, als Sie es sich vorher vorgestellt haben. Nun wollen Sie wieder mit ganzem Herzen ein würdiger Nachfolger Jesu Christi werden. Übergeben Sie Ihr Leben von neuem dem Sohn Gottes.

Jeder Christ benötigt täglich neu die Erfüllung mit dem Heiligen Geist. Wie sollen wir durch die Schrecknisse der nächsten Jahre hindurchkommen, in denen sich das Kommen des Antichristen abzeichnet, wenn wir nicht gelernt haben, im Geist zu leben und zu wandeln? Viele Menschen erfahren eine geistliche Wiedergeburt, aber sie erneuern nicht ihren Sinn. In Römer 12,2 lesen wir: „Und stellt euch nicht dieser Welt gleich, sondern ändert euch durch Erneuerung eures Sinnes", oder im Epheserbrief 4,22-23: „Ändert euer bisheriges Leben und legt den alten Menschen ab, der sich durch betrügerische Begierden selbst zugrunde richtet. Erneuert euch aber in eurem Geist und Sinn."

Gott möchte uns erfüllen mit der „ganzen Fülle Gottes". Aber dann dürfen wir nicht mit so wenig zufrieden sein. Ich bin überzeugt, die kommenden Jahre werden für die Christen eine große Herausforderung sein. Sie müssen aufhören, ihre Kraft in der Auseinandersetzung mit anderen Gläubigen zu vergeuden, und müssen sich an die nie versiegende Kraftquelle Gottes anschließen lassen. Im dritten Kapitel des Epheserbriefes können wir nachlesen, daß diese herrliche Kraft Gottes in uns, den Gläubigen, wirkt. Wir müssen sie nur anzapfen, und aus unserem Leibe werden „Ströme lebendigen Wassers fließen".

Wir müssen aufhören, eine Form der Gottseligkeit an den Tag zu legen, deren Kraft aber zu verleugnen. Gott, unser Vater, möchte uns dem Bild Seines Sohnes gleichförmig (Römer 8, Vers 29) machen, nicht mehr und nicht weniger. Nie war diese Herausforderung so nötig wie heute. Nur so können wir den listigen Angriffen des Widersachers Gottes standhalten.

Die ewige Herrlichkeit läßt nicht mehr lange auf sich warten. Jesus Christus sammelt seine Gemeinde, um sie zu sich zu nehmen, um mit ihr das Hochzeitsmahl des Lammes zu feiern. So wie Jesus Christus die Dinge, die kommen werden, seinem Apostel Johannes auf Patmos offenbarte, so dürfen auch wir Kenntnis von den zukünftigen Dingen haben und mit Johannes einstimmen: „Der diese Dinge bezeugt, spricht: Ja, ich komme bald. Amen, komm, Herr Jesus!"

Ich möchte Ihnen anbieten, sich mit mir in Verbindung zu setzen, wenn bei Ihnen durch das Lesen dieses Buches ein ehrliches und aufrichtiges Fragen laut wurde, ein Erkennen Ihrer Schuld und ein deutliches Bewußtsein, daß nur einer allein Sie aus Ihrer Situation herausrufen kann. Dieser Eine ist Jesus Christus, der am Kreuz auf Golgatha auch für Ihre Schuld starb. Sagen Sie ja zu dieser Erlösungstat und empfangen Sie das ewige Leben. Ihr Leben wird sich dann von Grund auf ändern, eine große Freude wird Sie überströmen, Sie suchen die Gemeinschaft anderer Christen, Sie lesen „mit aufgedecktem Angesicht" in Gottes Heiliger Schrift, und Ihr Gebet wird zu einem Dialog mit Ihrem Himmlischen Vater, der Ihnen antworten wird. Eine herrliche Zukunft wartet auf Sie. Zögern Sie nicht länger, damit wir uns alle im Himmel wiedersehen.

TOPIC

Sie haben mit dem Lesen des Buches „Der Antichrist kommt" Ihr Interesse an der biblischen Prophetie bekundet. Ich habe nachgewiesen, daß die entscheidenden Ereignisse der letzten Zeit mit der Gesetzmäßigkeit von Geburtswehen auftreten. Sie werden in Zukunft an Häufigkeit und Heftigkeit zunehmen.

Wie ich in diesem Buch ausführlich beschrieben habe, haben sich alle Prophetien, die die Zeit vor der Entrückung betreffen, erfüllt. Es gibt also keine Ereignisse mehr, auf die wir noch warten müßten. Andererseits stehen wir in der wohl dramatischsten Periode der Weltgeschichte, in der die Trübsalszeit ihre Schatten vorauswirft. Diese Geschehnisse gilt es zu dokumentieren, um die Welt von dem nahen Ende der Zeit zu unterrichten. Täglich geschehen Dinge, die mich aufhorchen lassen, weil sie den endzeitlichen Charakter des Jahrzehnts unterstreichen.

Meiner Meinung nach ist es wichtig, diese Entwicklung nicht aus den Augen zu verlieren. Ich habe mich deswegen entschlossen, einen Nachrichtendienst unter dem Titel Topic herauszugeben, der Ihnen Informationen aus den Bereichen Politik, Wirtschaft, Gesellschaft und Naturwissenschaft nahebringt, die Sie sonst nirgends lesen können. Mit Hilfe der kommentierten Nachrichten und vertraulichen Informationen werden Sie sich Ihr Bild der sich erfüllenden Prophetie machen und ständig ergänzen können.

Fordern Sie noch heute Ihr Probeexemplar an bei:

Klaus Gerth
Schulstraße 33
6334 Aßlar 2

Weitere Sachbücher aus dem Verlag Schulte + Gerth:

Vom gleichen Autor:

Klaus Gerth
ENDZEIT – KRISE UND AUSWEG

Die umfassende Auslegung der Endzeitprophetien wird
nicht emotionslos-kühl, sondern engagiert und mit dem
Mut zu unpopulären Aussagen vorgetragen. Ebenso ein-
dringlich fordert der Autor seine Leser zum persönlichen
Frieden mit Gott auf – dem einzigen Weg aus der Krise.
Gebundene Ausgabe
Best.-Nr. 15 372

Hal Lindsey/Carole C. Carlson
ALTER PLANET ERDE, WOHIN?

2 Karten. Die Darstellung ist darum so packend, weil die
Verfasser die Voraussagen der Bibel genauestens mit den
geschichtlichen Ereignissen aus Vergangenheit und Gegenwart vergleichen. Sie kommen zu der Schlußfolgerung, daß die Weissagungen der Bibel bisher uneinge-
schränkt eingetroffen sind.
Gesamtauflage in Deutsch: 250.000
Bestell-Nr. 15 562

Hal Lindsey
HOFFNUNG STATT ANGST

Grundlage des Buches ist ein lebendiger Vortrag mit an-
schließender Fragestunde im Rahmen der Frankfurter
Buchmesse 1980. Der Bestsellerautor nimmt detailliert
Stellung zu aktuellen endzeitlichen Phänomenen und
deutet sie aufgrund biblischer Prophetie.
Bestell-Nr. 15 623

Hal Lindsey
DIE FEUERFLUT

Geburtswehen einer neuen Welt. Wie eine Tageszeitung
liest sich diese Auslegung der Offenbarung. Der Bestsellerautor geht allen politischen, wirtschaftlichen, kulturel-
len und religiösen Entwicklungen sehr detailliert nach
und mißt sie an den Aussagen des letzten Buches der Bibel. Wegen der großen Nachfrage haben wir dieses Buch
neu aufgelegt.
Bestell-Nr. 15 546

Marius Baar
DAS ABENDLAND AM SCHEIDEWEG

Man wird lange nach einem Buch suchen müssen, das die
politischen, wirtschaftlichen und letztlich geistlichen Hin-
tergründe der Energiekrise so erregend zur Sprache
bringt wie dieses. Der Autor, ehemaliger Missionar in
Afrika, hat jahrelang Fakten um Fakten der islamischen
Expansion zusammengetragen. Mit seiner Dokumentation und seinen Thesen fordert er aufs äußerste heraus.
Bestell-Nr. 15 315
8. Auflage

Tim LaHaye
AUSWEG – AUS DEPRESSIONEN

Schwermut kann geheilt werden. Das ist kein billiges,
vertröstendes Schlagwort. Tim LaHaye, Ehe- und Fami-
lienberater, begegnet dem Leser wie einem Patienten in
seiner Sprechstunde. Er nimmt ihn geduldig an die Hand,
klärt die oft komplizierten Ursachen, die zur Depression
geführt haben, auf, kennt und beantwortet die Fragen,
die an ihn gestellt werden. Dr. Tim LaHaye arbeitet seit
über 25 Jahren in der Ehe- und Familienberatung. Außerdem ist er Gründer und Direktor des Christian Herita-
ge College in San Diego, Kalifornien. Weithin bekannt
wurde er durch Bücher mit hohen Auflagen.
3. Auflage
Best.-Nr. 15 339

V. Raymond Edman
DAS BEFREITE LEBEN
(früher: „Das ausgetauschte Leben")

Das Wort vom „ausgetauschten Leben" hat J. Hudson
Taylor, der Gründer der China-Inland-Mission, geprägt.
Er tauschte sein Leben der Mutlosigkeit und des eigenen
Kämpfens und Versagens in ein Leben des Sieges um, in
ein Leben der „vollen Genüge", das „mit Christus gekreuzigt" war und von dem „Ströme lebendigen Wassers
flossen. Daß ein solches siegreiches Leben für jeden Christen nicht nur ein Wunschtraum bleiben, sondern beglük-
kende Wirklichkeit werden kann, bezeugen in diesem
Buch fünfzehn Männer und Frauen aus der Vergangenheit und Gegenwart und aus ganz verschiedenen Verhältnissen.
Best.-Nr. 15 352